Tala svenska

Schwedisch

A1

Lehrbuch

von
Erbrou Olga Guttke

Zeichnungen:
Stefan Guttke

GROA
VERLAG

Danksagung

Der Verlag bedankt sich ganz herzlich bei Frauke Natusch und Ann-Christine Olofsson für die große Unterstützung, Korrekturlesung und fachliche Durchsicht, sowie bei allen Kursteilnehmerinnen und Kursteilnehmern, Kursleiterinnen und Kursleitern, die uns mit Tipps und Kritik geholfen haben. Weiter möchten wir uns für die freundliche Bereitstellung von Fotos, Beiträgen und Informationsmaterialien ganz herzlich bedanken. Ein großes Dankeschön auch an das Druckhaus Schöneweide, Berlin, für die Unterstützung bei der Buchherstellung.

Illustrationen und Gestaltung:	Stefan Guttke
Umschlagsfoto:	Frank Meinert
Druck:	Druckhaus Schöneweide, Berlin

Zu diesem Lehrbuch sind erhältlich:

Tala svenska A1 Übungsbuch	ISBN 978-3-933119-11-7 (ab Oktober 2008)
Tala svenska A1 CD-Set	ISBN 978-3-933119-23-0 (ab Oktober 2008)

3., überarbeitete und erweiterte Auflage

Druck 5 4 3 2 1 Jahr 2012 11 10 09 08

Alle Drucke dieser Auflage sind inhaltlich unverändert und können im Unterricht nebeneinander verwendet werden.

ISBN 978-3-933119-01-8

Besuchen Sie uns im Internet unter: **www.groa.de**
Unsere E-Mail-Adresse lautet: kundenservice@groa.de

Vorwort

Liebe Schwedischlernende, liebe Schwedischlehrende,

das Lehrwerk *Tala svenska* hat sich als ein zeitgemäßes Lehrkonzept „aus der Praxis für die Praxis" über viele Jahre bewährt und richtet sich an alle, die sich für einen Aufenthalt in Schweden vorbereiten möchten. Es berücksichtigt den schwedischen Alltag genauso wie touristische, berufliche und studentische Interessen.
Die hier vorliegende dritte, überarbeitete und erweiterte Auflage orientiert sich eng an den Niveaustufen A1 und A2 des Gemeinsamen Europäischen Referenzrahmens und ist in die Teilbände *Tala svenska A1* und *Tala svenska A2* unterteilt. Das Lehrwerk bereitet den Lerner auf die Schwedischprüfung SWEDEX A2 vor. Ein weiterer Teilband *Tala svenska B1* mit Vorbereitung auf die SWEDEX B1-Prüfung ist geplant.

Das vorliegende Lehrbuch *Tala svenska A1* ist für Schwedischlernende ohne Vorkenntnisse konzipiert und führt in zehn Abschnitten auf die Niveaustufe A1 des Gemeinsamen Europäischen Referenzrahmens. Zum Lehrbuch A1 sind erhältlich:

- ein **Übungsbuch A1** mit integrierter Audio-CD, auf der die Hörübungen eingesprochen sind. Das Übungsbuch enthält neben abwechslungsreichen und anregenden Übungen u. a. auch Redemittel-Checklisten, 2 Tests, eine ausführliche Grammatik und abschnittweise gegliederte chronologische Vokabellisten
- ein **Audio-CD-Set A1** mit zwei CDs, das die Dialoge, Texte und Ausspracheübungen aus dem Lehrbuch und einen Wortschatz-Aussprache-Trainer enthält

Tala svenska legt den Schwerpunkt auf mündliche Kommunikation und kreatives Lernen. Die vielen aus dem Leben gegriffenen Dialoge machen mit typischen Alltags-, Berufs- und Urlaubssituationen vertraut. Die spielerisch und motivierend aufgebauten Tala svenska-Übungen führen von der ersten Stunde an zum freien und situationsgerechten Sprechen (tasks). Der stetige Wechsel von Paar-, Kleingruppen- und Gesamtgruppenübungen, sowie einige Spiele ermöglichen einen variierten, attraktiven Unterricht. Die Grammatik wird anhand praktischer Beispiele erklärt und mit der jeweils anschließenden meist spielerisch aufgebauten Übung gefestigt. Die Fertigkeiten Sprechen, Schreiben, Hören und Lesen sind intensiv miteinander verknüpft.

Tala svenska hat eine klare grafische Aufbereitung. und einen transparenten, leicht nachvollziehbaren Aufbau. Durch die Arbeitsblattstruktur des Lehrbuchs sind alle Inhalte großzügig und übersichtlich dargestellt. Die Zeichnungen sind anregend gestaltet und fordern zum Sprechen auf. Unterstützt von vielen Fotos und Realien bietet das Lehrwerk ein breites Spektrum an landeskundlichen Informationen, die den Blick auf Landestypisches und kulturelle Besonderheiten lenken. Übungen zum selbstentdeckenden Lernen, Tests und Checklisten zur eigenen Überprüfung des Lernerfolgs stärken die Lernerautonomie. So gibt *Tala svenska* das nötige Rüstzeug, um sich frei und sicher auf Schwedisch zu verständigen.

Ich wünsche Ihnen viel Freude und Erfolg mit *Tala svenska*!

Ihre Erbrou Olga Guttke

Einleitung

Bevor Sie in die schwedische Sprache hineintauchen, möchten wir jedes Lernmoment in diesem Buch kurz erläutern, damit Sie gleich mit *Tala svenska* zurechtkommen.

Zeichenerklärung

3 Zu dieser Übung gibt es eine Einspielung auf dem CD-Set (die Zahl bezeichnet die Tracknummer)

Gruppenübung (gesamter Kurs)

Kleingruppenübung (3 bis 5 Kursteilnehmer)

Partnerübung (2 Kursteilnehmer)

Grammatik

TALA SVENSKA Sprechübung

Landeskundliche Information

Die Auftaktseiten
Die Auftaktseiten geben Auskunft über das Lernziel, die Themenbereiche und Wortfelder des jeweiligen Abschnitts. Das Fotomaterial kann hervorragend im Unterricht eingesetzt werden.

Die Dialoge und Texte
In den Dialogen und Texten vermittelt *Tala svenska* Wortschatz, grammatische Strukturen und Redemittel. Die Dialoge führen Sie durch Alltags-, Berufs- und Urlaubssituationen. Die Texte vertiefen die Themen und Sprachkenntnisse.
Alle längeren Dialoge und einige Texte sind auf CD in einem langsamen und einem normalen Sprechtempo eingesprochen und eignen sich auch gut als Hörverständnisübungen.

Die Tala svenska-Übungen
Diese Sprechübungen führen Sie spielerisch in verschiedene Situationen hinein. Mit den Tala svenska-Übungen festigen Sie Wortschatz, grammatische Strukturen und Redemittel und lernen frei und kreativ mit der Sprache umzugehen. Die Übungsanweisungen sind für den leichteren Einstieg am Anfang auf Deutsch. Ab Abschnitt 4 sind die Anweisungen auf Schwedisch und mit deutscher Übersetzung versehen.
Aus Gründen der besseren Lesbarkeit steht in den Übungsanweisungen nur „Kursleiter“, „Kursteilnehmer“, „Nachbar“, „Fragender“ usw.

Die Grammatik
Die grammatischen Strukturen sind abschnittsweise in Grammatik-Kästchen systematisch und schematisch mit Beispielen aus dem alltäglichen Sprachgebrauch dargestellt. Sie können bei den freieren mündlichen Übungen auch als Stütze dienen.
Die Grammatik-Übung im Anschluß sollte der erste Schritt in das neue grammatische Moment sein. Bei den meisten Übungen ist es ratsam, sie gemeinsam in der ganzen Gruppe durchzugehen. Diese abwechslungsreich gestaltete Übung dient der Festigung, und aufkommende Fragen können gleich geklärt werden. Die Lösungen zu einigen Übungen finden Sie im Anhang dieses Buches.

Die ausführliche deutsche Erklärung zu den einzelnen grammatischen Momenten finden Sie im Übungsbuch abschnittsweise gebündelt. Sie ist als Ergänzung zum Grammatik-Kästchen zu sehen und kann durch die dazugehörige alphabetische Übersicht auch als Nachschlagewerk benutzt werden.

Die Aussprache
In jedem Abschnitt finden Sie eine Übung zur Aussprache. Die Ausspracheübungen sind auf CD eingesprochen, damit über das Hören und Nachsprechen die Aussprache effektiv gelernt werden kann.

Die landeskundlichen Informationen
Unter diesem Punkt finden Sie Kommentare zu landestypischen Besonderheiten. Außerdem werden in den Lehrbüchern A1 und A2 alle 25 Landschaften Schwedens kurz vorgestellt.

Die Vokabeln
Im Anhang finden Sie die Wörterverzeichnisse Schwedisch - Deutsch und Deutsch - Schwedisch, die alle Wörter von Tala svenska A1 enthalten.
Zusätzlich enthält das Übungsbuch chronologisch geordnete und abschnittsweise dargestellte Wörterverzeichnisse. Dort werden auch Besonderheiten, z. B. "false friends", und leicht verwechselbare Wörter erläutert.

Der Wortschatz-Aussprache-Trainer (im CD-Set enthalten)
Auf der Audio-CD "Wortschatz-Aussprache-Trainer", die im CD-Set A1 enthalten ist, sind die schwedischen Wörter aus den chronologischen Wörterverzeichnissen des Übungsbuches eingesprochen. So können Sie sich die korrekte Aussprache anhören und durch Nachsprechen ihre Aussprache und ihr Hörverstehen Wort für Wort trainieren.

Inhalt

Themen und Wortfelder | **Dialoge, Texte, Realien und Spiele**

Kommunikative Ziele	Grammatik	Aussprache
• sich begrüßen • Namen nennen • bejahen und verneinen	• Personalpronomen *jag, du* • Grundzahlen 0-6	• das Alphabet
• sich begrüßen und verabschieden • Namen erfragen und nennen • Herkunftsort erfragen und angeben • sich und andere vorstellen • Dinge im Klassenraum benennen • fragen, wo ein Ort liegt • bejahen und verneinen	• Personalpronomen • Substantiv - unbestimmter Artikel • Grundzahlen 0-12	• das Alphabet • einige Abkürzungen • einige schwedische Städte
• sich nach Vor- und Nachnamen erkundigen • Namen buchstabieren • um Auskunft bitten und Auskunft geben • etwas bedauern • eine Empfehlung aussprechen • sich bedanken • einen schönen Urlaub wünschen	• Substantiv - bestimmter Artikel • Grundzahlen 13-1000	• c, g, k und sk
• ein Telefongespräch einleiten und beenden • jemanden am Telefon verlangen • nach dem Befinden fragen und antworten • eine Verabredung treffen • Telefonnummer/Adresse/E-Mail-Adresse/ Alter/Familienstand erfragen und angeben • Kurzantworten geben • sagen, wo und wie man wohnt • Sprachkenntnisse nennen	• Substantiv - Genitiv • Verb - Infinitiv und Präsens	• r-Verbindungen und ng-Laut
• ausdrücken, dass man etwas nicht versteht • am Kiosk etwas kaufen • im Café etwas auswählen • nach dem Preis fragen und antworten • jemanden einladen • nach einem Wunsch fragen und antworten • etwas vorschlagen und darauf reagieren • Kurzantworten geben • Notwendigkeit und Absicht ausdrücken	• Personalpronomen *den, det* • Modalverben	• Preise
• nach dem Weg fragen und den Weg beschreiben • nach Einkaufsmöglichkeiten fragen • jemanden ansprechen • um Hilfe bitten • sich für die Hilfe bedanken und darauf reagieren • Richtung angeben • eine Position ausdrücken	• Präpositionen • Relativpronomen *som*	• langer und kurzer Vokal

Inhalt

Themen und Wortfelder | **Dialoge, Texte, Realien und Spiele**

Kommunikative Ziele	Grammatik	Aussprache
• Informationen erfragen • nach der Uhrzeit fragen, Uhrzeit angeben • nach der Ankunft fragen und darauf antworten • über einen Tagesablauf berichten • sich verabreden • sich erkundigen, was jemand macht • Freude äußern • erzählen, was man zum Frühstück isst • sich bedanken	• Zeitangabe • Reflexivpronomen	• sj-Laut und tj-Laut
• in einem Hotel einchecken • etwas höflich verlangen • nach dem Hotelstandard fragen und darauf antworten • fragen, wie man etwas ausdrückt • sich beschweren • sich positiv äußern • über Verkehrsmittel sprechen • ein Taxi bestellen	• Indefinitpronomen *någon, något, ingen, inget* • Demonstrativpronomen *den här, den där*	• der Vokal a
• sagen, dass man etwas schafft • Öffnungszeiten erfragen und angeben • fragen und angeben, was man braucht • einen Vorschlag machen • die Meinung des anderen erfragen • Gewicht und Maß angeben • fragen, ob noch mehr gewünscht ist, und darauf antworten • Grafik lesen und Prozentangaben machen	• Substantiv - Plural (unbestimmte Form)	• die Vokale å und o
• etwas im Restaurant bestellen • sagen, dass man satt ist • das Essen loben • jemanden zurechtweisen • Unentschiedenheit ausdrücken • Vorlieben äußern • sagen, dass man etwas mag/nicht mag • um die Rechnung bitten • etwas anbieten und darauf reagieren	• Verb - Imperativ • Adverbien *också, inte heller*	• der Vokal u
• eine Urlaubsplanung machen • schönes Wochenende/schöne Feiertage wünschen und darauf reagieren • sich nach dem (Geburts-) Datum erkundigen und antworten • jemandem zum Geburtstag gratulieren • einen Brief/eine E-Mail beginnen und abschließen • eine Urlaubsreise beschreiben	• Ordnungszahlen, Datum • Jahreszahlen • Verb - Präteritum	• der Vokal e

Hej och välkommen!

Avsnitt 0

Willkommen zu Ihrem Schwedisch-Kurs Tala svenska.
In dieser kleinen Vorab-Lektion finden Sie Übungen zum gegenseitigen Kennenlernen und einen ersten Einstieg in die schwedische Sprache.

1 2

Hej! [*Hallo*]

TALA SVENSKA

Bilden Sie einen Kreis. Stellen Sie sich der Gruppe vor und benutzen Sie folgende Wendung:

Hej, jag heter ... . [*Hallo, ich heiße ... .*]

2 Warum lernen Sie Schwedisch? Erzählen Sie es der Gruppe!

3 3

Du heter Stefan [*Du heißt Stefan*]

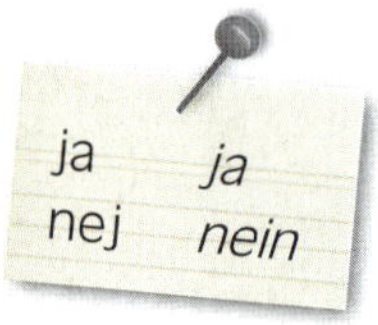

TALA SVENSKA

Gehen Sie zunächst einmal die Zahlen von 0 bis 6 durch. Würfeln Sie anschließend mit einem Würfel. Zählen Sie auf Schwedisch die Kursteilnehmer im Uhrzeigersinn ab bis zu der gewürfelten Zahl. Beginnen Sie bei ihrem linken Nachbarn. Nennen Sie dann den Namen der Person, bei der Sie stehenbleiben. Benutzen Sie folgende Wendung: „**Du heter ...**" . Die oder der Angesprochene antwortet mit „**Ja**" oder „**Nej, jag heter ...**". Dann ist dieser Kursteilnehmer mit Würfeln an der Reihe u. s. w.

4a 4 Das Alphabet

Hören Sie die CD und sprechen Sie die Buchstaben nach! Beachten Sie besonders die Vokale und üben Sie die Aussprache!

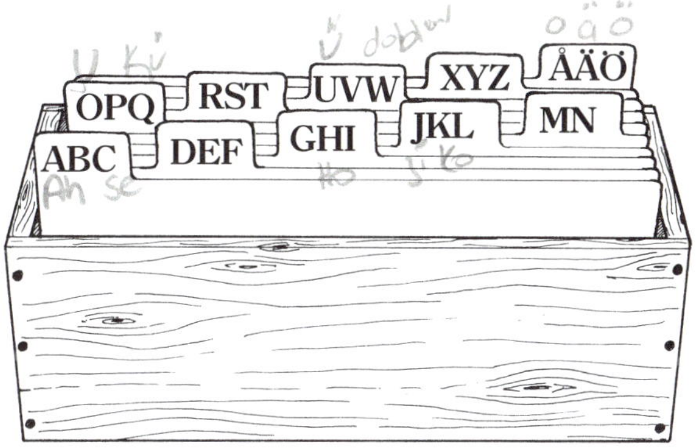

4b

Das schwedische Alphabet hat, wie Sie sehen, drei Buchstaben mehr als das deutsche. Å, Ä und Ö stehen in den schwedischen Lexika an letzter Stelle!
Was bedeuten folgende Wörter? Schlagen Sie im Wörterverzeichnis am Ende des Buches nach.

år	________	äpple	________	öppet	________
åsikt	________	ägg	________	öga	________
ålder	________	älg	________	övning	________

5 5 Huvud, axlar, knä och tå - wenn die Konzentration nachlässt

Huvud, axlar, knä och tå, knä och tå.	*Kopf, Schultern, Knie und Zeh, Knie und Zeh.*
Huvud, axlar, knä och tå, knä och tå.	*Kopf, Schultern, Knie und Zeh, Knie und Zeh.*
Ögon, öron, kinden klappen får.	*Augen, Ohren, die Wange bekommt einen Klaps.*
Huvud, axlar, knä och tå, knä och tå.	*Kopf, Schultern, Knie und Zeh, Knie und Zeh.*

TALA SVENSKA

Hören Sie erst das Lied auf der CD. Stellen Sie sich dann in einen Kreis. Denken Sie daran, dass Sie etwas Platz brauchen. Singen Sie das Lied und machen Sie dabei die Bewegungungen wie auf den Fotos. Fangen Sie langsam an und steigern Sie dann das Tempo. Bald sind Sie wieder aufnahmefähig!

Schloss Gripsholm

6 Was kennen Sie bereits aus/in Schweden? Tragen Sie es in die Kärtchen ein. Erzählen Sie anschließend der Gruppe, was Sie unter den Rubriken eingetragen haben. Der Kursleiter hilft bei der Aussprache! Vielleicht finden Sie die Städte auf den Karten der Umschlaginnenseiten.

Lebensmittel Gerichte 

Namen 

Städte 

Sehenswürdigkeiten 

Hejsan!

Avsnitt 1

In diesem Abschnitt lernen Sie u.a.

- sich zu begrüßen und zu verabschieden
- zu sagen, wie Sie heißen und woher Sie kommen
- jemanden vorzustellen
- einige Dinge im Klassenraum zu benennen
- das Personalpronomen
- den Gebrauch des unbestimmten Artikels
- die Grundzahlen 0 - 12
- das Alphabet
- Aussprache - einige Abkürzungen

Marstrand

Stockholm

Dalapferd in Mora

Schloss Kalmar

Lappland

Strand bei Yngsjö

1 6 Hej!

TALA SVENSKA

Hören Sie zunächst die CD und sprechen Sie nach. Achten Sie dabei auf die Aussprache.
Bilden Sie anschließend einen Kreis. Werfen Sie sich einen kleinen Ball zu. Der Werfer begrüßt oder verabschiedet sich bei dem Fänger des Balls wie in den Beispielen oben.

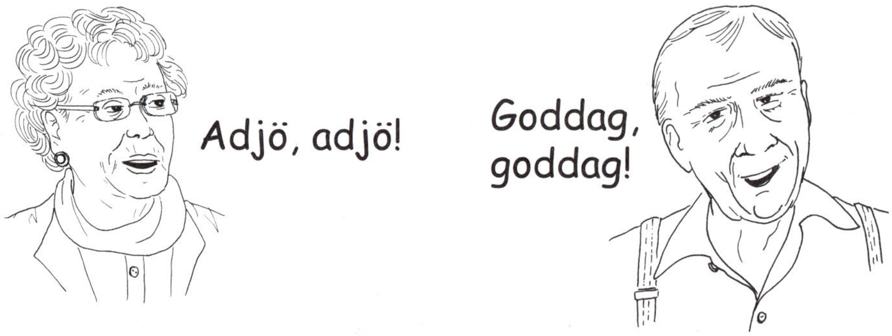

Apropos *tjena, goddag* und *adjö*

Das Wort *tjena* oder *tjäna* kommt ursprünglich von dem Ausdruck *„Jag vill vara din ödmjuke tjänare"* (Ich will dein demütiger Diener sein).
Die Formen *goddag* und *adjö* sind nicht mehr so häufig im Gebrauch, werden aber von Älteren und auch in humorvoller Weise benutzt.

2 Jag heter ...

TALA SVENSKA

Gehen Sie im Kursraum umher und stellen Sie sich gegenseitig vor.

3 Ett samtal i Malmö

P: en pojke M: en man

P : Vad heter du?
M : Jag heter Rune. Och vad heter du?
P : Jag heter Pelle.
M : Jaså, Pelle.
P : Du Rune?
M : Ja.
P : Kommer du från Malmö?
M : Ja. Och du Pelle, varifrån kommer du?
P : Jag är också från Malmö. ..... Du, Rune?
M : Sch... Pelle, vi fiskar.

4 Varifrån kommer du?

TALA SVENSKA

Werfen Sie sich wieder einen Ball zu und fragen Sie sich gegenseitig, wie Sie heißen und woher Sie kommen. Benutzen Sie folgende Wendungen:

Vad heter du?	**Jag heter ... .**
Varifrån kommer du?	**Jag kommer från ... (z. B. Malmö).**
Varifrån är du?	**Jag är från ... (z. B. Sigtuna).**

5a Das Personalpronomen

Singular	Plural
jag	vi
du	ni, Ni (Anrede)
han	de
hon	
den	
det	

Das Pronomen *de* wird in der Umgangssprache „dom" ausgesprochen.

Jag heter Lena.
Vad heter ***du***?
Varifrån kommer ***hon***?
Det är en penna.

5b

Stellen Sie die passenden Fragen und geben Sie die Antworten dazu. Benutzen Sie die Personalpronomen. Beispiel: **Lennart/Piteå: Varifrån kommer Lennart?** **Han kommer från Piteå.**

1 Lennart/Piteå

2 Elmira/Armenien

3 hon/Anna

4 jag/Kiruna

5 han/Jörgen

6 Göran och Pia/Sundsvall

7 vi/Malmö

8 vi/Eva och Olle

9 Britta/Lund

10 Alex/Tyskland

11 jag/Håkan

6 Vad heter hon?

TALA SVENSKA

Schneiden Sie Bilder von bekannten Politikern, Stars oder Sportlern aus Illustrierten oder Tageszeitungen aus. Fragen Sie einander, wie sie heißen und eventuell, woher sie kommen. Benutzen Sie folgende Wendungen:

Vad heter hon/han/de?	**Hon/Han/De heter ... .**
Varifrån kommer hon/han/de?	**Hon/Han/De kommer från ... .**

Apropos *du* und *Ni* im Schwedischen

In Schweden wird fast ausschließlich geduzt. Wenn überhaupt hört man das förmliche *Ni* in Hotels, Restaurants und ganz selten in Geschäften. Im Allgemeinen versuchen die Schweden aber im öffentlichen Umgang, die Anrede zu vermeiden.

7a 10

Trevligt att träffas

T: Tomas K: Kalle E: Elmira A: Anne

T : Hej! Jag heter Tomas. Jag kommer från Sundsvall.
K : Hallå! Kalle heter jag. Jag är från Stockholm. Och ni två, vad heter ni? Ni är inte från Sverige.
E : Nej, vi kommer inte från Sverige. Jag heter Elmira. Jag kommer från Armenien och det här är Anne. Hon kommer från Tyskland.
A : Hejsan, trevligt att träffas!

7b

Lesen Sie den Dialog und setzen Sie ihre eigenen Namen und Wohnorte ein. Spielen Sie anschließend den Dialog nach.

8a

Das Substantiv - Genus und unbestimmter Artikel

En-Wörter (Utrum)	**Ett-Wörter** (Neutrum)
Det är ***en*** penna.	Det är ***ett*** block.

8b

Wie heißen folgende Gegenstände? Schreiben Sie die Zahl auf die entsprechenden Kärtchen. Sie haben diese Sachen bestimmt auch in ihrem Kursraum. Zeigen Sie auf die Gegenstände und fragen und antworten Sie nach folgendem Muster:
Vad är det? Det är en mobil.

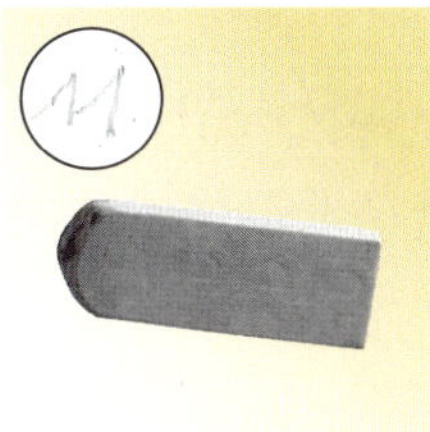

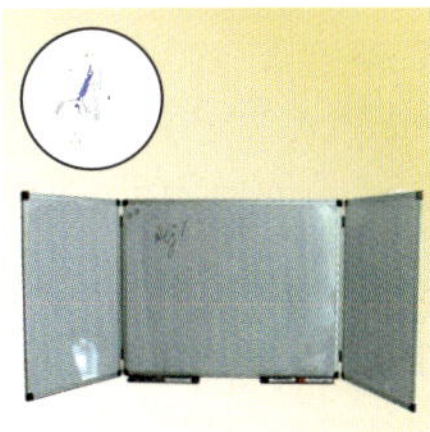

1 en tavla
2 en ordbok
3 en penna
4 en lärobok
5 en övningsbok
6 en mobil (telefon)
7 en väska
8 en cd-spelare
9 ett block
10 ett papper
11 ett suddgummi

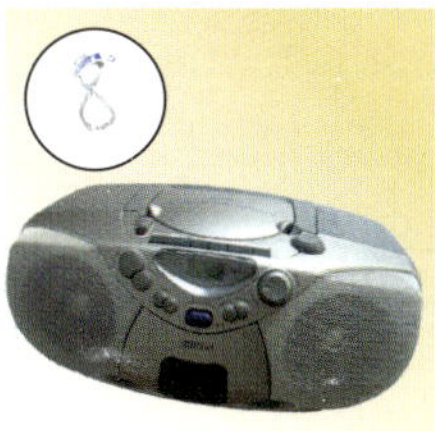

9 4 Aussprache - das Alphabet

Hören Sie die CD. Wiederholen Sie das Alphabet und üben Sie die Aussprache sorgfältig!

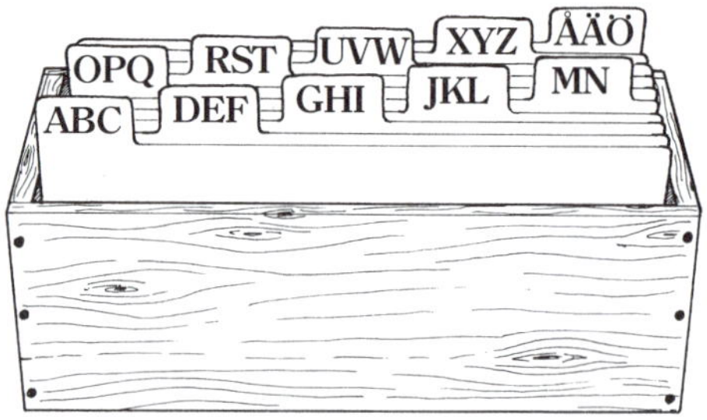

10 12 Aussprache - einige Abkürzungen

Sprechen Sie folgende Abkürzungen nach und achten Sie auf die Betonung.
(AB = Aktiebolag [*Aktiengesellschaft*], IF = Idrottsförening [*Sportverein*], FN = Förenta Nationerna [*Vereinte Nationen*])

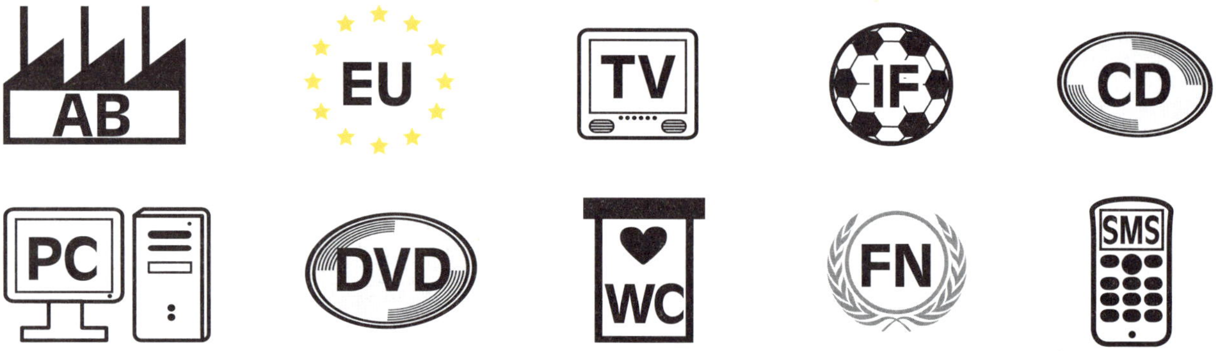

11a 13 Die Grundzahlen 0 - 12

0 noll	7 sju
1 ett (en)	8 åtta
2 två	9 nio
3 tre	10 tio
4 fyra	11 elva
5 fem	12 tolv
6 sex	

11b

Würfeln Sie mit zwei Würfeln. Addieren Sie anschließend die Würfelzahlen. Benutzen Sie folgende Wendung:

Tre och sex är nio.

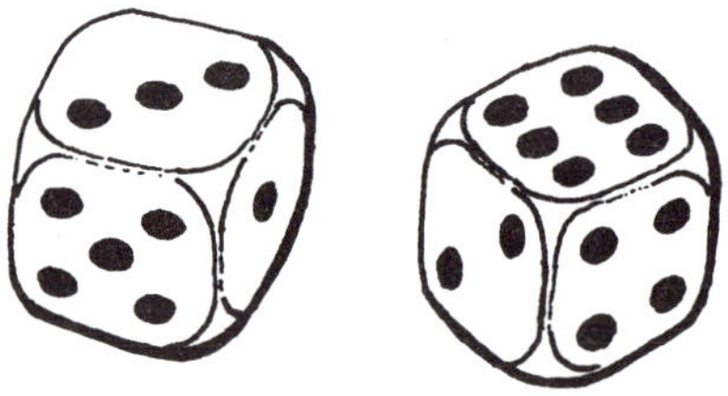

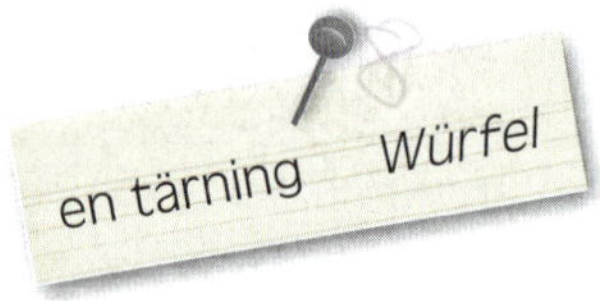

12 14

Sverige

TALA SVENSKA

Üben Sie die Aussprache der Städte. Stellen Sie sich anschließend gegenseitig Fragen und beantworten Sie diese nach folgendem Muster:

Var ligger Malmö?
Malmö ligger i ruta Ö-3.

[Wo liegt Malmö?
Malmö liegt im Feld Ö-3.]

Stockholm - die Hauptstadt

Eine Sehenswürdigkeit Schwedens unter tausenden:
Schloss Vittskövle, die älteste Burg Schonens

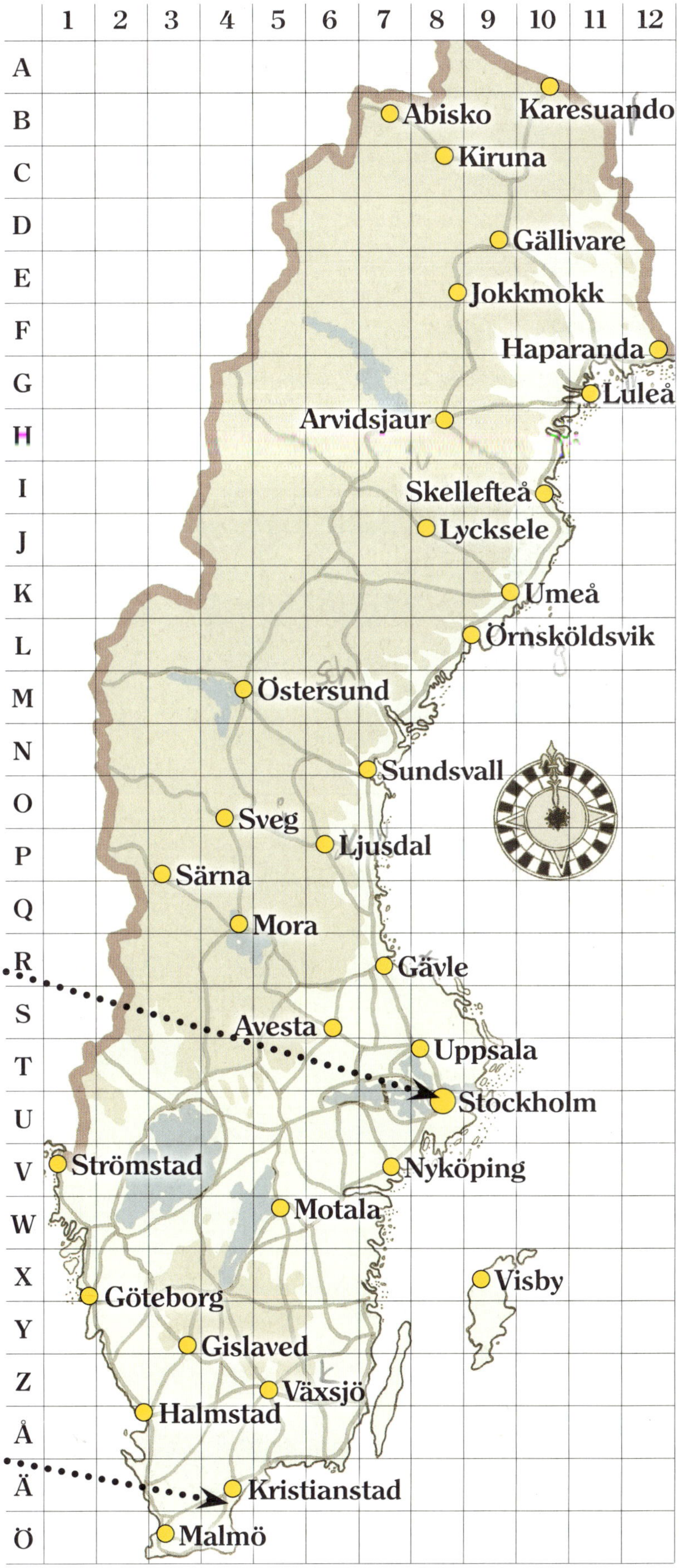

Hej turist! Avsnitt 2

In diesem Abschnitt lernen Sie u.a.

- einen Namen zu buchstabieren
- sich nach etwas zu erkundigen
- eine Empfehlung auszusprechen
- Entfernungsangaben zu machen
- sich zu bedanken
- die Grundzahlen 13-1000
- den Gebrauch des bestimmten Artikels
- Aussprache - c, g, k und sk

Delfinen Beach Club, Mellbystrand

Karseforsen i Laholm

En lax(Laholm)

Mellbystrand

1a 15 På flygplatsen

G: Göran T: trafikassistent

Göran är på Arlanda flygplats.
Han checkar in.

G: Jag heter Göran Kilsgårdh.
T: ... Förlåt? Hur var efternamnet?
G: Kilsgårdh.
T: Hur stavar man det?
G: K-I-L-S-G-Å-R-D-H.
T: Och förnamnet?
G: Göran.
T: Tack. Varsågod, här är boardingkortet. Utgång 12.

Flygplan på Arlanda flygplats

Terminal 4 på Arlanda flygplats

1b

Lesen Sie den Dialog und setzen Sie Ihren eigenen Namen ein.

2 Hur stavar man det?

TALA SVENSKA

Gestalten Sie einen kleinen Dialog wie im folgenden Beispiel. Denken Sie sich gern einen komplizierten Namen aus.

- ▸ **Hur var namnet?**
- ▪ **Skeppstedt.**
- ▸ **Förlåt, hur stavar man det?**
- ▪ **S-K-E-P-P-S-T-E-D-T.**
- ▸ **Tack.**

3 17 Aussprache - c, g, k und sk

Vor den Vokalen a, o, u und å werden die Konsonanten g, k und sk wie im Deutschen ausgesprochen. Das c wird wie k gesprochen. Vor den Vokalen e, i, y, ä, und ö wird das c wie ein stimmloses s, das g ähnlich dem deutschen j (wie in „Juni"), das k wie ch (wie in „lächeln") und das sk ähnlich dem deutschen sch (wie in „Schule") ausgesprochen. Hören Sie die Wörter auf der CD und sprechen Sie nach.

C	G	K	SK	C	G	K	SK
[k]	**[g]**	**[k]**	**[sk]**	**[s]**	**[j]**	**[ch]**	**[sch]**
cape	gata	karta	skatt	cell	genom	kedja	sked
cornflakes	god	ko	sko	cirkus	gift	kilometer	skinka
cup	gul	kul	skur	cykel	gymnastik	kyrka	sky
coca-cola	går	kål	skål	central	gärna	kära	skära
					Göran	köra	skön

4a 18 Die Grundzahlen 13 - 1000

13 tretton	20 tjugo	30 trettio	100 (ett) hundra
14 fjorton	21 tjugoett	40 fyrtio	200 tvåhundra
15 femton	22 tjugotvå	50 femtio	224 tvåhundra-tjugofyra
16 sexton	23 tjugotre	60 sextio	1000 (ett) tusen
17 sjutton	usw.	70 sjuttio	
18 arton		80 åttio	
19 nitton		90 nittio	

Das *o* wird bei der Aussprache der Zehnerzahlen oft weggelassen. Sie werden also „tretti", „fyrti", „femti", ... gesprochen.

4b

Ein Kursteilnehmer beginnt, eine Zahl zu sagen (z. B. 46). Der nächste sagt eine Zahl, die mit der Einerstelle der vorhergehenden beginnt (z. B. 63). Wenn ein Spieler eine Zahl mit der 0 als Einerstelle genannt hat (z. B. 30), muss der nächste Teilnehmer die 0 wieder aufnehmen (z. B. 05).

5 Bingo

17	1	29
22	12	3
8	11	25

TALA SVENSKA

Spielen Sie eine Variante des beliebten schwedischen Bingospiels: Zeichnen Sie das obenstehende Spielfeld auf ein Blatt Papier. Schreiben Sie eine Zahl zwischen 1 und 30 (oder 30 und 60 usw.) in jedes Kästchen. Ein Teilnehmer ist Spielleiter und ruft Zahlen in beliebiger Reihenfolge auf (er notiert sie zur Kontrolle). Kreuzen Sie die aufgerufenen Zahlen an, wenn sie bei Ihnen vorhanden sind. Sobald ein Teilnehmer eine vollständige Reihe mit angekreuzten Zahlen hat (waagerecht, senkrecht oder diagonal), ruft er **„Bingo!"** und hat gewonnen. Jetzt übernimmt ein anderer die Rolle als Spielleiter und das Spiel beginnt von vorne.

6 Hej turist!

ett hotell
en golfbana
ett vandrarhem
en kyrka
ett kafé
en badplats
en fiskeplats
en campingplats
ett museum
en restaurang
en bensinstation
en turistbyrå

TALA SVENSKA

Schauen Sie auf die touristischen Zeichen und überlegen Sie mit Hilfe der Kartei-karte, was sie bedeuten. Fragen Sie sich dann gegenseitig und antworten Sie wie im folgenden Beispiel:

Vad är nummer två? **Nummer två är ett vandrarhem. / Det är ett vandrarhem.**

7a Das Substantiv - bestimmter Artikel

	Unbestimmter Artikel	Bestimmter Artikel
En-Wörter	Här är ***en*** campingplats. Här är ***en*** turistbyrå.	Var ligger campingplats***en***? Var är turistbyrå***n***?
Ett-Wörter	Här är ***ett*** hotell. Här är ***ett*** museum.	Var ligger hotell***et***? Var är muse***et***?

kaféet

7b

Bestimmen Sie, wer A respektive B sein soll. Tragen Sie dann beliebige Kilometerangaben in die Schilder unter Ihrem Buchstaben ein. Fragen Sie abwechselnd nach den Kilometerangaben ihres Partners und tragen Sie die Zahlen ein. Prüfen Sie zum Schluss Ihre Ergebnisse. Benutzen Sie folgende Wendungen:

Hur långt är det till campingplatsen? [Wie weit ist es zum Campingplatz?

Det är två kilometer. Es sind zwei Kilometer.]

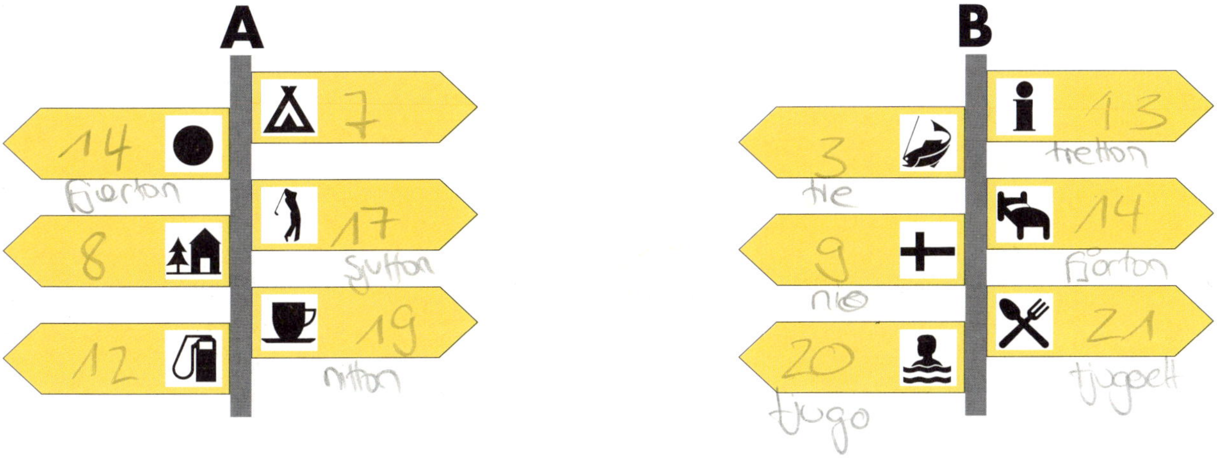

8a 19 På turistbyrån i Laholm

A: Anna B: Bernd R: receptionist

R: Hej!
B: Hej! Finns det en campingplats här i närheten?
R: Ja, det finns det. Vi har en här i Laholm. Men campingplatsen i Lilla Tjärby är också bra.
A: Finns det en restaurang där också?
R: Nej tyvärr, det finns det inte. Men jag rekommenderar restaurangen i Mellbystrand.
B: Jaha, det låter bra. Har ni en karta?
R: Javisst. I broschyren här finns en karta över kommunen.
A: Tack. Hur långt är det till Halmstad?
R: Det är 2 mil. Är ni här med bil?
B: Nej, vi vandrar på Hallandsleden.
R: Jaha, vad kul!
A: Går det en buss till Mellbystrand?
R: Javisst. Det är linje 78.
B: Var är busshållplatsen?
R: Hållplatsen är här vid turistbyrån.
A: Tack för informationen.
R: Tack, tack. Trevlig semester!

Laholm - Hästtorget

8b

Unterstreichen Sie alle Substantive. Erstellen Sie eine Tabelle wie im Beispiel und tragen Sie die unbestimmten und bestimmten Formen ein.

Unbestimmte Form	Bestimmte Form
en campingplats	campingplatsen

Apropos *Halland, kommun, mil* und *Tourist Information*

Halland ist eine der 25 Provinzen (*landskap*) Schwedens. Diese Einteilung hat heutzutage zwar keine administrative Bedeutung mehr, ist aber in touristischer und kultureller Hinsicht immer noch sehr wichtig.
Kommun ist eine territoriale Verwaltungseinheit. Jeder Einwohner Schwedens ist durch seinen Wohnsitz einer *kommun* zugeordnet.
Eine schwedische Meile (*mil*) entspricht zehn Kilometern.

Das Zeichen "Tourist Information" (das grüne Zeichen) bedeutet, dass man hier regionale touristische Informationen erhält. Tourist-Informationen mit dem Zeichen "Tourist Centre" halten Broschüren über ganz Schweden bereit. Sie bieten außerdem einen besseren Service, z. B. längere Öffnungszeiten und Kreditkartenzahlung.

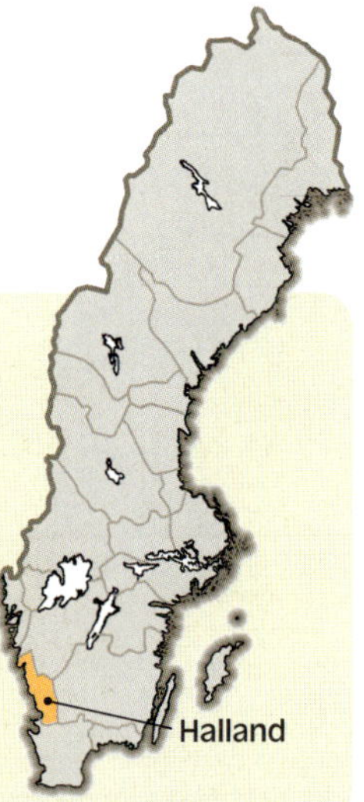

9 Laholms kommun

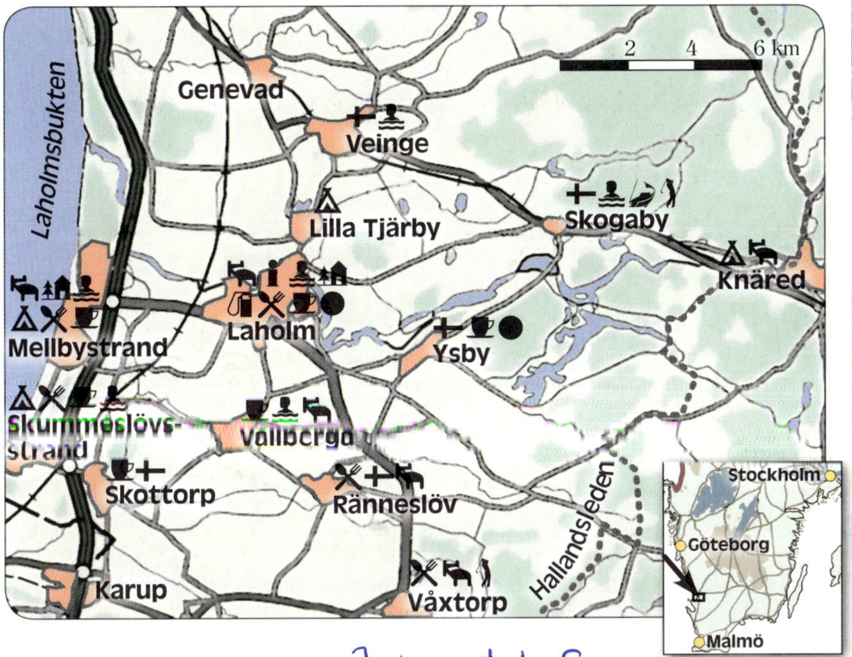

S/S Lagaholm

Mellbystrand

Jaaa, det finns en kyrka i...

TALA SVENSKA Schauen Sie auf die Karte. Fragen Sie sich gegenseitig und antworten Sie. Benutzen Sie folgende Wendungen:

Finns det en/ett... i ... ? Ja, det finns det. / Javisst.
Nej tyvärr, det finns det inte. / Nej, tyvärr.

Men jag recommendera ... i ...

10 En pildialog

Person A (Tourist):		*Person B (Rezeptionist):*
begrüßt B	→	begrüßt A
fragt, ob es ein/e/en ... in ... gibt	← →	bedauert und empfiehlt ein/e/en ... in ...
fragt, ob es weit nach ... ist	← →	verneint und sagt, dass es nicht weit ist
fragt, ob es auch ein/e/en ... in ... gibt	← →	bejaht
fragt nach einer Karte über Halland	← →	bejaht und sagt, dass in der Broschüre eine Karte ist
bedankt sich für die Information	← →	wünscht A einen netten Urlaub
verabschiedet sich von B	← →	verabschiedet sich von A

TALA SVENSKA Bestimmen Sie, wer von Ihnen Person A bzw. Person B ist. Jeder erarbeitet für sich seinen Teil des Dialoges. Spielen Sie dann gemeinsam den Dialog durch, indem Sie den Pfeilen folgen. Benutzen Sie die Karte und füllen Sie spontan die Lücken. Tauschen Sie anschließend die Rollen. Versuchen Sie zum Abschluss, der Gruppe einen Dialog ohne Buch vorzuspielen.

Hur är det?

Avsnitt 3

In diesem Abschnitt lernen Sie u.a.

- nach dem Befinden zu fragen und darauf zu antworten
- die Adresse, Telefonnummer und Mailadresse anzugeben
- jemanden anzurufen
- etwas über sich selbst und Ihre Familie zu erzählen
- einige europäische Ländernamen und Sprachen
- den Genitiv zu gebrauchen
- den Infinitiv und das Präsens zu gebrauchen
- Aussprache - r-Verbindungen und ng-Laut

S:t Petri kyrka i Malmö

Lilla Torg i Malmö

Hamnen i Malmö

1a 21 Ett telefonsamtal

J: Jan Lundgren   E: Eva Lundgren   T: Tobias Lehmann

Tobias Lehmann från Hamburg jobbar på ett IT-företag. Han besöker ICT-mässan i Malmö och kommer precis från ett möte. Först köper han en tidning. Sedan tar han fram mobilen och ringer till en affärsvän. Telefonnumret är 040 52 98 65. Jans fru Eva svarar.

E: Eva Lundgren.
T: Ja hej, det är Tobias Lehmann från Hamburg. Är Jan hemma?
E: Ja, ett ögonblick.

E: Jan, telefon!
J: Tack, vem är det?
E: Jag vet inte. Någon från Tyskland.

Stortorget

J: Ja hallå, det är Jan.
T: Hej, det är Tobias från Hamburg.
J: Hejsan Tobias, det var längesedan. Hur är det?
T: Jag mår bra, tack. Och själv då?
J: Tack, bara bra. Var är du? Är du här i Malmö?
T: Ja, jag besöker ICT-mässan.
J: Vad trevligt! Har du lust att komma på en kopp kaffe?
T: Ja tack, gärna.
J: Har du adressen?
T: Nej, det har jag inte.
J: Jag bor på Rundelsgatan 17, i närheten av Stortorget.
T: Fint, då kommer jag om en stund. Hej så länge!
J: Hej, hej!

1b

Üben Sie die Vokabeln. Benutzen Sie folgende Wendungen:

- **Vad heter ”Messe” på svenska?**
- **”Messe” heter ”mässa”.**

2 Hur mår du?

TALA SVENSKA

Fragen Sie sich gegenseitig, wie es Ihnen geht und antworten Sie. Benutzen Sie folgende Sätze:

Hur är det? **Hur mår du?** **Hur står det till?** **Hur är läget?**	**Tack, bara bra.** **Tack, bra.** **Jag mår bra, tack.** **Ganska bra.** **Det är ok.** **Jo, tack. Så där.** **Så där.** **Inget vidare.**

3 Var bor du?

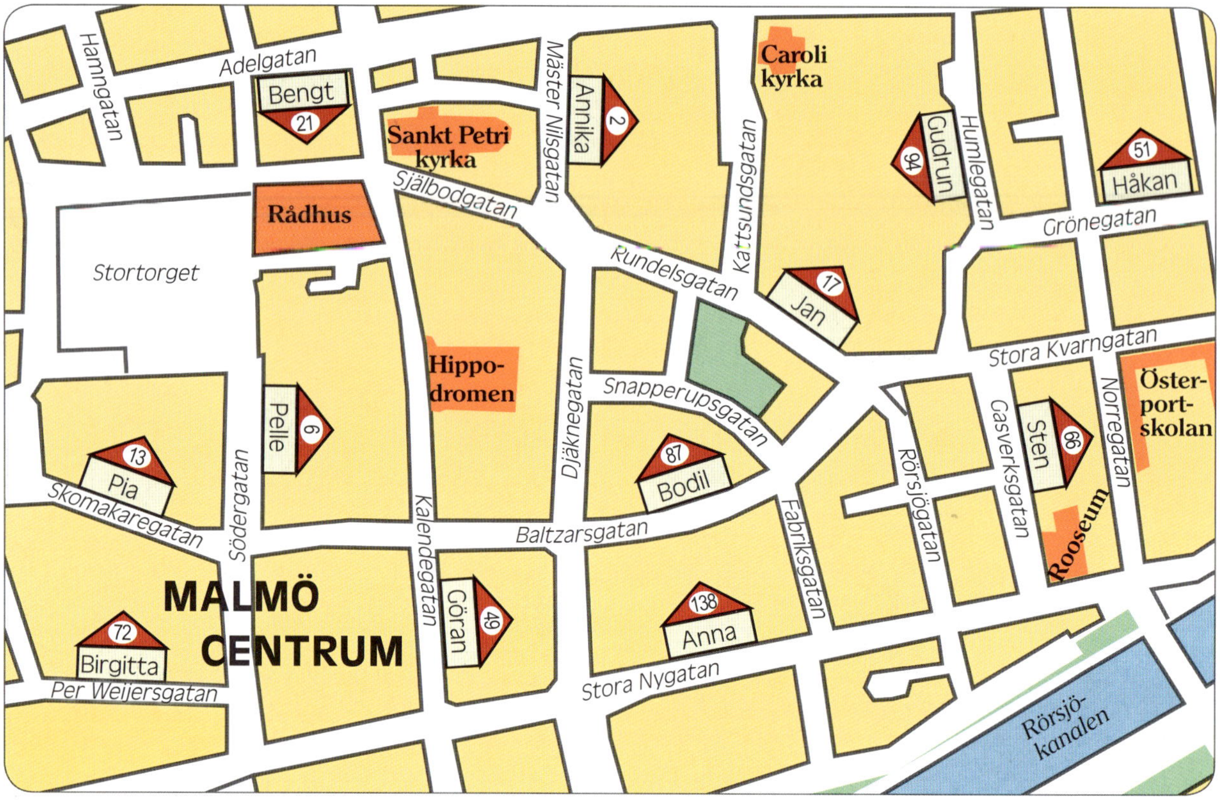

TALA SVENSKA

Fragen Sie sich gegenseitig, wo die Personen auf der Karte wohnen. Benutzen Sie folgende Wendungen:

Var bor Jan? **Jan bor på Rundelsgatan 17.**

Fragen Sie sich anschließend gegenseitig in der Gruppe, wo Sie wohnen. Schreiben Sie nun zu zweit einen kleinen Telefondialog. Nutzen Sie als Vorlage den Dialog "Ett telefonsamtal". Spielen Sie ihn anschließend der Gruppe vor. Wichtige Wendungen sind:

Hej, det är .... / Är ... hemma? / Ett ögonblick! / Det var längesedan. / Hur är det? / Hur mår du? / Var är du? / Vad trevligt! / Har du lust att komma på en kopp kaffe? / Fint, då kommer jag om en stund. / Hej så länge!

4 (CD 23) Aussprache - r-Verbindungen und ng-Laut

Hören Sie die Wörter auf der CD und üben Sie die Aussprache.

-rd	-rl	-rn	-rs	-rt	-rg	-ng / -gn
bord	Karl	barn	affärsvän	kort	Göteborg	långt
Tord	härlig	Arne	först	Berta	torg	regn

5a Das Substantiv - Genitiv

Vad har Jan för telefonnummer?	***Jans*** telefonnummer är 52 98 65.
Har du ***Evas*** adress?	Ja, ***Evas*** adress är Lindgatan 4.
Vad har Malmö för riktnummer [*Vorwahl*]?	***Malmös*** riktnummer är 040.
Vad har Sten för mejladress [*E-Mail-Adresse*]?	***Stens*** mejladress är sten@telia.se

@ at, snabel-a
• punkt

5b

Schauen Sie auf die unten abgebildeten Listen. Fragen Sie sich gegenseitig nach Telefonnummern, Adressen, Vorwahlen und E-Mail-Adressen und antworten Sie wie im Beispiel oben.

Malmö 040

Å	
Ågren Charlott o. **Malte** Parkg. 84	39 74 39
Åkerlund Maria Amiralsg. 24	30 09 11
Åkesson Bengt Zenithg. 33	69 45 32
Åkesson Karin Trelleborgsg. 3	39 12 43
Åkesson Tord Parkg. 41	37 10 65
Åkesson Göran Vendelsväg 5	23 27 61
Åkevall Karl Poppelg. 32	35 49 12
Åkrell Martin o. **Sara** Myntg. 6	64 48 23
Åhlander Berta Kilbäcksg. 90	68 51 51
Åslund Lars o. **Lena** Ekg. 1	24 76 33

Ö	
Ödahl Signe Körsbärsg. 14	64 77 77
Ödmark Birgitta Poppelg. 95	35 84 91
Ögren Arne o. **Lotta** Nobelv.43	29 04 22
Öhman Curt Amiralsg. 76	66 41 35
Öhman Bengt Bodilsg. 5	34 22 27
Österberg Thore Almhögsg. 24	37 01 41
Österberg Kerstin Vilebov. 100	25 70 19
Österberg Anders o. **Gun** Lönng. 2	67 80 09
Östersgård Camilla Nobelv. 140	21 80 12
Östlind Cecilia Smedjeg. 15	29 44 56
Östlind Lennart Zenithg. 63	37 15 47

mejladresser:

Fredrik Persson:
fredrik.persson@hotmail.se
Sara Berg:
sara.berg@mobo.se
Åke Svensson:
ake.svensson@telia.se
Börje Malmgren:
borje.malmgren@tele2.se
Maria Nilsson:
maria.nilsson@yahoo.se

En telefonkatalog

riktnummer:

Gävle	026
Göteborg	031
Jönköping	036
Kiruna	0980
Kristianstad	044
Malmö	040

Apropos *telefonnummer*

Am Telefon meldet man sich in Schweden mit seinem Vornamen, seinem ganzen Namen, seinem Nachnamen oder mit seiner Telefonnummer. Man sagt z. B.: *femton tjugofyra noll sju* (15 24 07).

6a Das Verb - Infinitiv und Präsens

Konjugation	Infinitiv	Präsens	
1.	(att) tala	tala***r***	Jan ***talar*** svenska.
2a.	(att) ringa	ring***er***	Tobias ***ringer*** till Jan.
2b.	(att) köpa	köp***er***	Kalle ***köper*** ett telefonkort.
3.	(att) bo	bo***r***	Ulla ***bor*** i Jönköping.
4.	(att) skriva [schreiben]	skriv***er***	Han ***skriver*** ett mejl.
	(att) vara [sein]	***är***	Jag ***är*** från Spanien.
	(att) göra [machen]	***gör***	Vad ***gör*** Peter?

6b

Beginnen Sie damit, sich gegenseitig Fragen zu stellen und antworten Sie.
Varifrån kommer ... ? / Var bor ... ? / Vad gör ... ? / Vad talar ... för språk?
Erzählen Sie anschließend ein wenig über die Personen wie im folgenden Beispiel:
Peter kommer/är från Tyskland. Han bor i Köln. Peter talar tyska och lite [ein wenig] **svenska. Han fiskar.**

7a 24 Sanna berättar

Jag heter Sanna Ekholm-Jensen och jag bor på Folkungagatan 96 i Stockholm. Jag är 33 år gammal. Jag arbetar på Karolinska Institutet. Jag är gift med Niels. Han är 32 år och arbetar med konst, musik och teater.
Vi har en son och en dotter. Sebastian är 10 år och går i skolan. Josefin är fem år och går på dagis varje dag. Josefins katt heter Måns. Vi bor i en trerumslägenhet i Stockholms centrum, i närheten av Sebastians skola och Josefins daghem. Vi har också en sommarstuga på landet. Stugan ligger i Skåne. Vi åker till stugan på semestern.

Familjen Ekholm-Jensen

7b Stellen Sie Fragen zum Text und antworten Sie.

Hur gammal är ... ? / Var ligger ... ? / Var bor ... ? / Hur bor ... ? / Vad heter ... ?

Är ... gift/...år gammal?	**Ja, det är ... / Nej, det är ... inte.**
Har ... ?	**Ja, det har ... / Nej, det har ... inte.**
Bor/arbetar/går/åker ...	**Ja, det gör ... / Nej, det gör ... inte.**

8 Mitt boende

i en by

på landet

i (ett) hus

i centrum

Jag bor ...

i (ett) radhus

i en stad

i (en) villa

i en storstad

i (en) lägenhet

TALA SVENSKA

Erzählen Sie sich gegenseitig, wie Sie wohnen.
Beispiele:

Jag bor i en by på landet. / Jag bor i villa.

9 En intervju

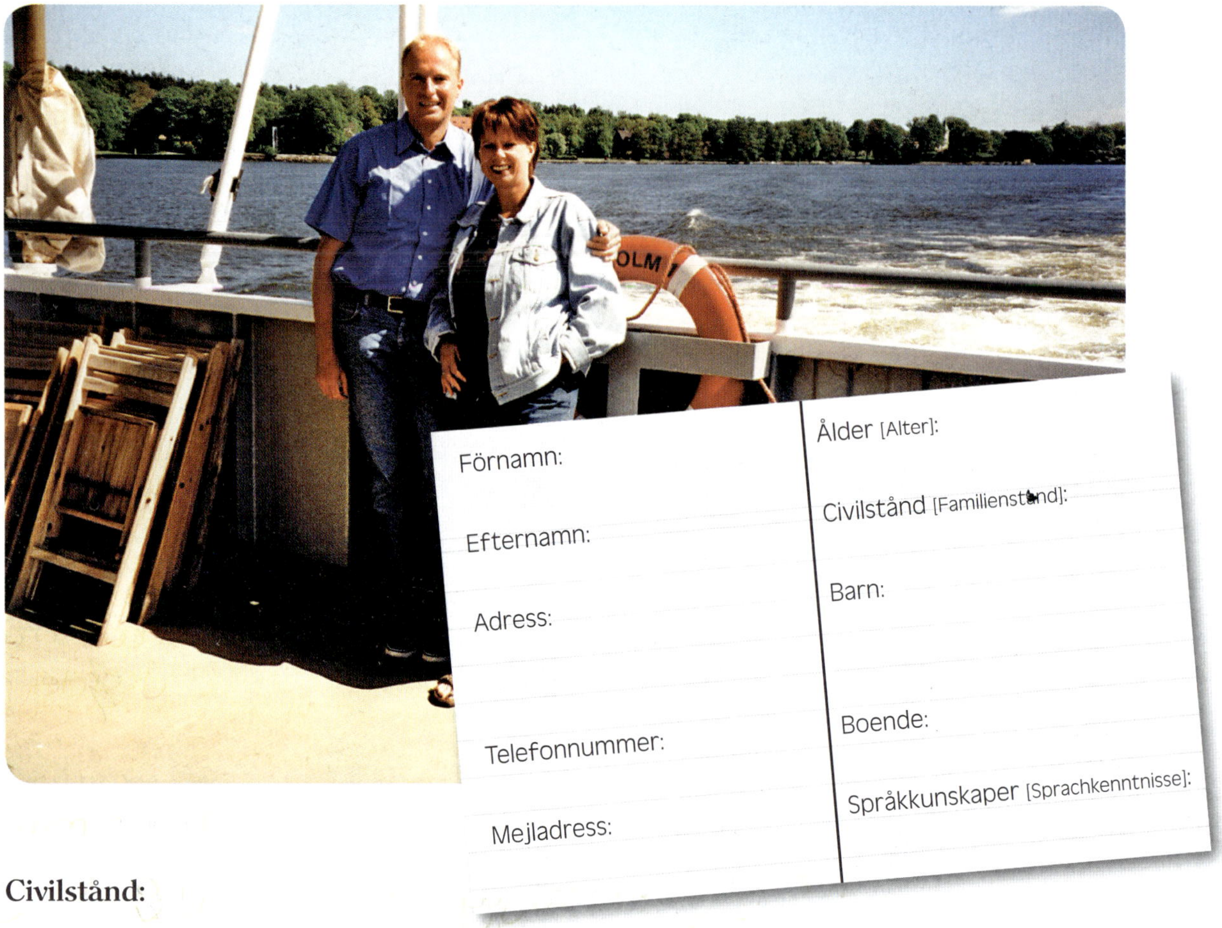

Förnamn:
Efternamn:
Adress:
Telefonnummer:
Mejladress:
Ålder [Alter]:
Civilstånd [Familienstand]:
Barn:
Boende:
Språkkunskaper [Sprachkenntnisse]:

Civilstånd:

gift | sambo | förlovad | skild | änka/änkling | ogift/ensamstående

han han h

TALA SVENSKA

Nehmen Sie als erstes ein Blatt Papier und erstellen Sie eine Karteikarte, wie sie oben zu sehen ist. Befragen Sie Ihren Partner und tragen Sie die Information in die Karteikarte ein. Stellen Sie folgende Fragen:

Vad heter du? / Var bor du? / Vad har du för telefonnummer/mejladress?
(Antworten Sie hier: **Mitt** [meine] **telefonnummer/Min mejladress är ... .)**
Hur gammal är du? / Är du gift/ogift/sambo? / Har du barn? Ett barn barnet, tvåb
Bor du i hus/i lägenhet/i en stad/i en by på landet? / Vad talar du för språk?

Anschließend bildet die ganze Gruppe einen Kreis. Die Karten werden eingesammelt, gemischt und wieder verteilt. Erzählen Sie jetzt anhand Ihrer neuen Karteikarte etwas über einen Kursteilnehmer.

Jag är   är gammal

Apropos *sambo* und *ensamstående*

Sambo bedeutet, in einer eheähnlichen Gemeinschaft miteinander zu wohnen.
Wenn die Lebenspartner nicht zusammen wohnen, nennt man das *särbo*.
Ein anderes Wort für *ensamstående* ist natürlich auch *singel*.

Ett vykort, tack! — Avsnitt 4

I det här avsnittet lär du dig bl.a.

- ord i samband med bank och pengar
- att fråga vad något kostar
- att köpa något i en kiosk
- ord och uttryck i samband med ett kafébesök
- att använda de personliga pronomenen *den* och *det*
- att använda modala hjälpverb
- att uttala priser på svenska

In diesem Abschnitt lernen Sie u.a.

- Wörter im Zusammenhang mit Bank und Geld
- zu fragen, was etwas kostet
- etwas am Kiosk zu kaufen
- Wörter und Wendungen zum Thema Cafébesuch
- die Personalpronomen *den* und *det* zu gebrauchen
- die Modalverben zu gebrauchen
- wie man Preise auf Schwedisch ausspricht

På Duvanders Conditori

En bankomat

1a 26 Vid bankomaten

J: Johan E: Eva

Johan och Eva vill ta ut pengar. De står vid bankomaten.

J: Jag förstår inte det här. Bankomaten tar inte emot koden.
E: Är det rätt kod då?
J: Javisst!
E: Men jag kan testa mitt kort. ... Nähä, det funkar inte!
J: Ja, då måste vi gå in på banken.

1b

Diktera fem ord var för varandra. Rätta till slut.
[Diktieren Sie sich fünf Wörter gegenseitig. Korrigieren Sie anschließend.]

2a 27 Uttal - priser

[Aussprache - Preise]

0:50	**femtio öre**
1:-	**en krona**
2:-	**två kronor**
37:50	**trettiosju och femtio**
9:90	**nio och nittio**

2b

Läs följande priser. [Lesen Sie folgende Preise.]

9:90	10:21	65:70
5:50	47:-	99:90
15:-	39:80	150:-
27:90	11:50	272:90

Apropos *öre*
In Schweden werden kleinere Öre-Beträge auf 50 Öre bzw. eine Krone auf- oder abgerundet.

en femtioöring

en enkrona
en krona

en femkrona
en femma

en tiokrona
en tia

en tjugokronorssedel
en tjuga

en femtiokronorssedel
en femtiolapp

en hundrakronorssedel
en hundralapp

3 (28) Vid kiosken

L: Lena E: expedit

L: Hej! Ett vykort, tack.
E: Var det bra så?
L: Vad kostar ett äpple?
E: Det kostar 5:50.
L: Ok. Jag tar ett äpple också.
E: Varsågod, det blir 11:50 tillsammans.
L: Kan du växla en femtiolapp?
E: Javisst, det går bra. Tjugo, trettio, fyrtio och femtio, varsågod.
L: Tack så mycket! Hej!
E: Hej!

4a De personliga pronomenen *den* och *det*

[Die Personalpronomen *den* und *det*]

En-ord (utrum)		**Ett-ord** (neutrum)	
Vad kostar tidningen?	***Den*** kostar 15:-.	Vad kostar äpplet?	***Det*** kostar 5:50.

4b

Fråga varandra vad sakerna i kiosken kostar. Använd formerna *den* och *det* i svaret. Spela sedan dialoger med varandra. Du har hjälp av dialogen ”Vid kiosken”. Byt roller!

[Fragen Sie sich gegenseitig, was die Sachen im Kiosk kosten. Benutzen Sie die Formen *den* und *det* in der Antwort. Spielen Sie danach Dialoge miteinander. Der Dialog ”Vid kiosken” hilft Ihnen dabei. Tauschen Sie die Rollen!]

ett frimärke

- en cola
- ett äpple
- en påse karameller
- en banan
- ett paket cigaretter
- en glass
- en läsk
- ett vykort
- en tidning/veckotidning
- en chokladkaka
- en påse chips

5 I ett gatukök

Drycker:
en cola
en Fanta
vatten
kaffe
mjölk

en hamburgare

senap
ketchup

schnitzel med pommes frites

korv med mos

köttbullar med mos

TALA SVENSKA

Gör minidialoger enligt följande mönster:
[Erstellen Sie Minidialoge nach folgendem Muster:]

1
- **Vad ska vi äta?**
- **Jag är hungrig. Jag vill ha korv med mos.**
- **Jag tar en hamburgare.**

2
- **Vill du dricka något?**
- **Ja, jag är törstig. Jag vill ha vatten.**
- **Jag tar en Fanta.**

6a 30 På kaféet

M: Maj   U: Ulla   E: expedit

Maj och Ulla är i stan och shoppar. Maj är kaffesugen och Ulla är lite hungrig. De går in på ett kafé för att fika.

M: Det är självservering. Ska vi välja här vid disken med detsamma?
U: Ja, det kan vi göra. Jag bjuder.
M: Nej men oj! Tack!
U: Vad ska vi ta? En smörgås?
M: Jag tar en bakelse. Med grädde och marsipan. Och du Ulla, vad vill du ha då?
U: Jag vet inte
E: Hej!
U: Hej! Kan jag få en kopp kaffe och en ostsmörgås. Sedan tar jag en kanelbulle också ... eller nej, jag tar hellre ett wienerbröd.
E: Ja tack. Något annat?
U: Nej tack, det är bra så.
M: Kan jag få en kopp te och en gräddbakelse med marsipan, tack!
E: Det blir 96 kronor.
U: Varsågod. Är kaffet med påtår?
E: Javisst. Så, 4 kronor tillbaka, varsågod.
U: Tack så mycket. Maj, ska vi sitta ute?
M: Ja, det gör vi!

6b Berätta vad Maj och Ulla gör.

[Erzählen Sie, was Maj und Ulla machen.]

Apropos *påtår*, *stan* und *smörgås*

In vielen schwedischen Cafés bezahlt man für <u>eine</u> Tasse Kaffee und kann sich dann umsonst noch eine Tasse nachschenken. Diese zweite Tasse Kaffee nennt sich *påtår*.
Stan (Abkürzung von *staden*) ist die Bezeichnung für die nächstliegende Stadt, wenn man auf dem Lande wohnt. *„Att gå på stan"* bedeutet, dass man im Stadt-Zentrum bummeln geht.
Smörgås ist ein belegtes Butterbrot.

7a Modala hjälpverb [Die Modalverben]

Subjekt	Verb 1	Verb 2	Objekt
Jag	***vill***	dricka	kaffe.
Han	***måste***	växla	en femtiolapp.
Vi	***kan***	tala	svenska.
Anna och Bo	***ska***	shoppa	idag.

I en fråga: ***Ska*** Anna och Bo shoppa idag?
Måste han växla en femtiolapp?

7b

Skriv orden som står i spalterna 1-4 på kartotekskort. Bilda, lägg och läs påståenden och frågor. Du hittar säkert fler ord som passar in i spalterna 3 och 4!

[Schreiben Sie die Wörter aus den vier Spalten auf Karteikarten. Bilden, legen und lesen Sie Aussagesätze und Fragen. Sie finden sicherlich noch weitere Wörter für die Spalten 3 und 4!]

jag	vill	ha	en bulle
1	**2**	**3**	**4**
jag	vill	shoppa	idag
du	måste	ha	en kopp kaffe
han	kan	dricka	engelska
hon	ska	ta ut	ett glas saft
vi		fiska	pengar
ni		komma	till stan
de		ta	på semestern
		tala	en bulle

8 Kortsvar

handla
tala spanska
fika
äta lunch
ta ut pengar
vill kan
måste ska
fiska
spela golf
köpa en korv
åka till stan
jobba

TALA SVENSKA

Fråga varandra och bilda kortsvar. [Fragen Sie einander und antworten Sie mit einer kurzen Erwiderung. Zeigt der Fragende „Daumen hoch" gibt der Antwortende eine positive Antwort und umgekehrt. Sie finden sicherlich auch Beispiele mit anderen Wörtern, die Sie schon kennen.]

1 ▪ **Ska du åka till stan?**
▸ 👍 **Ja, det ska jag.**
👎 **Nej, det ska jag inte.**

2 ▪ **Måste du jobba?**
▸ 👍 **Ja, det måste jag.**
👎 **Nej, det måste jag inte.**

3 ▪ **Kan du spela golf?**
▸ 👍 **Ja, det kan jag.**
👎 **Nej, det kan jag inte.**

4 ▪ **Vill du köpa en korv?**
▸ 👍 **Ja, det vill jag.**
👎 **Nej, det vill jag inte.**

9 Duvanders Conditori

DRYCKER	
kaffe (kopp) med påtår	22:-
te (kopp)	22:-
choklad (mugg)	22:-
mjölk	12:-
äppeljuice	16:-
apelsinjuice	16:-
läsk	22:-
cola	12:-
mineralvatten	16:-
Frukostfika: 1 kaffe, 1 ostsmörgås och 1 wienerbröd	49:-

BRÖD	
kanelbulle	15:-
wienerbröd	16:-
sockerkaka	12:-
bakelse	27:-
1 bit tårta	25:-
glass (1 kula)	16:-
ostsmörgås	15:-
räksmörgås	50:-
baguett med skinka/ost	45:-
fralla med skinka/ost/korv	15:-

TALA SVENSKA

Fråga varandra vad ni vill ha och svara. Använd följande uttryck:
[Fragen Sie sich gegenseitig, was Sie haben möchten, und antworten Sie. Benutzen Sie folgende Wendungen:]

Vill du ha ... ? **Ja tack, gärna. / Nej tack, jag tar hellre ... .**
Vad vill du ha? **Jag tar ... . / Jag vill ha ... . / Jag vill gärna ha ... .**

Arbeta sedan tre och tre. Improvisera situationen ”På kaféet”. Använd också följande uttryck: [Arbeiten Sie dann zu viert. Improvisieren Sie die Situation „Im Café“. Benutzen Sie auch folgende Wendungen:]

Jag bjuder. / Jag vet inte. / Kan jag få ... . / Vad ska vi ta? / Något annat? / Det blir ... . / Varsågod! / Tack så mycket!

På stan

Avsnitt 5

I det här avsnittet lär du dig bl.a.
- att fråga efter vägen
- att visa vägen
- namn på affärer och institutioner
- att tilltala någon
- att använda det relativa pronomenet *som*
- några viktiga prepositioner
- uttal - lång och kort vokal

In diesem Abschnitt lernen Sie u.a.
- nach dem Weg zu fragen
- den Weg zu beschreiben
- Geschäfte und Institutionen zu benennen
- jemanden anzusprechen
- das Relativpronomen *som* zu gebrauchen
- einige wichtige Präpositionen
- Aussprache - langer und kurzer Vokal

Trefaldighetskyrkan i Kristianstad

En gågata i Kristianstad

Teatern i Kristianstad

1a 32 Kristianstad - en stad i Sverige

Kristianstad är en renässansstad som ligger i Skåne. Grundaren är Christian IV. Staden har cirka 29.000 invånare. Kristianstad har tre torg, Stora Torg, Lilla Torg och Södertorg. Vid Stora Torg ligger Trefaldighetskyrkan, rådhuset, turistbyrån och regionmuseet. Framför museet står skulpturen Sinfonia. I hörnet av Nya Boulevarden och Västra Storgatan ligger Stadshotellet. Vid Lilla Torg ligger bl.a. varuhuset Åhléns och en skoaffär. Bredvid skoaffären ligger Handelsbanken. Mitt på Lilla Torg står ett klockspel och här kan man köpa frukt och grönsaker varje dag.

På Östra Storgatan, som är en gågata, finns Sveriges enda filmmuseum. Här hittar man också klädbutiken Hennes och Mauritz, en musikaffär och ett kafé. Västra Storgatan är också en gågata. Här finns bl.a. ett konditori, en bokhandel och en blomsteraffär. I hörnet av Västra Storgatan och Hesslegatan ligger en fotoaffär och en resebyrå.

Järnvägsstationen ligger mittemot Trefaldighetskyrkan och i närheten av stationen finns ett badhus.

Varuhuset Domus med mataffär, Systembolaget, apotek, post och restaurang ligger på Östra Boulevarden. Till höger om Domus ligger busstorget och McDonalds, och till vänster om varuhuset ligger en bio. Mellan Domus och busstorget finns en sportaffär.

Sjukhuset, biblioteket och stormarknader ligger utanför centrum. Kristianstad har en teater också. Den ligger i Tivoliparken. Nu hittar du säkert i Kristianstad!

Lilla Torg

1b

Ställ frågor till varandra på texten. Börja med följande frågor:

[Stellen Sie sich gegenseitig Fragen zum Text. Beginnen Sie mit folgenden Fragen:]

1. **Var ligger Kristianstad?**
2. **Vem är Kristianstads grundare?**

Apropos *regionmuseum* und *Skåne*

Die *region*, oft auch *landsting* bezeichnet (z. B. *Region Skåne, Stockholms läns landsting*) ist für die regionale Krankenversorgung, Infrastruktur, Umwelt und Kultur in einem *län* zuständig. *Län* bezeichnet ein großes Verwaltungsgebiet. Andere große Städte in *Skåne* sind Malmö, Helsingborg und Ystad.

2 På stan

en musikaffär

ta ut pengar	boka en resa
handla mat	köpa en flaska vin
köpa kläder	köpa sportkläder
köpa medicin	köpa en tidning
köpa skor	köpa en cd
köpa blommor	köpa en kamera
fika	köpa en bok

TALA SVENSKA

Börja med att skriva vilken affär du ser på bilderna. Gör sedan minidialoger. Du har hjälp av kartotekskortet och prepositionerna vid bilderna.

[Schreiben Sie zunächst auf, welches Geschäft Sie auf den Bildern sehen. Gestalten Sie anschließend Minidialoge. Sie haben Hilfe von der Karteikarte und den Präpositionen auf den Bildern.]

1
- ▪ Var kan man handla mat?
- ▸ Man kan handla mat i en mataffär.

2
- ▪ Vart ska du?
- ▸ Jag ska till mataffären och handla.

Apropos *Systembolaget* („*Systemet*“)

In Schweden kann man außer leichtem Bier alkoholische Getränke nur bei Systembolaget, der staatlichen Monopol-Ladenkette, kaufen. Auf dem Lande sind viele kleinere Geschäfte Vertreter (*ombud*) für Systembolaget.

3a Prepositioner [Die Präpositionen]

Skulpturen står ***på*** torget.
Banken ligger ***vid*** Lilla Torg.

Andra prepositioner: ***i, mellan, framför, bakom, över, under, bredvid***

3b Beskriv vad du ser på bilden! Använd prepositionerna.

[Beschreiben Sie, was Sie auf dem Bild sehen, und gebrauchen Sie die Präpositionen!]

en ballong	Ballon
flyga	fliegen
till höger om	rechts von
till vänster om	links von

4 (CD 34) Uttal - lång och kort vokal [Aussprache - langer und kurzer Vokal]

Vokale können lang oder kurz gesprochen werden. Hören Sie sich die Wörter auf der CD an und sprechen Sie nach. Die langen Vokale werden im Schwedischen sehr lang gesprochen!

a		å		o		u	
glas	/a/	båt	/å/	konung	/å/	mus	/u/
katt	/a/	råtta	/å/	kopp	/å/	buss	/u/
				sol	/o/		
				ost	/o/		

- lang gesprochen
• kurz gesprochen

ä		e		i		y		ö	
näsa	/ä/	brev	/e/	bil	/i/	fyra	/y/	öga	/ö/
väska	/ä/	penna	/ä/	flicka	/i/	mynt	/y/	fönster	/ö/
lärare	/ä/+r							öra	/ö/+r
kärra	/ä/+r							dörr	/ö/+r

5a Det relativa pronomenet *som*

[Das Relativpronomen *som*]

Kristianstad är en stad ***som*** ligger i Sverige.
Lena är en tjej ***som*** bor i Kristianstad.
Erla är en flicka ***som*** bor på Island.

5b Bilda meningar som exemplen visar i grammatikrutan.

[Bilden Sie Sätze wie in den Beispielen im Grammatikkasten.]

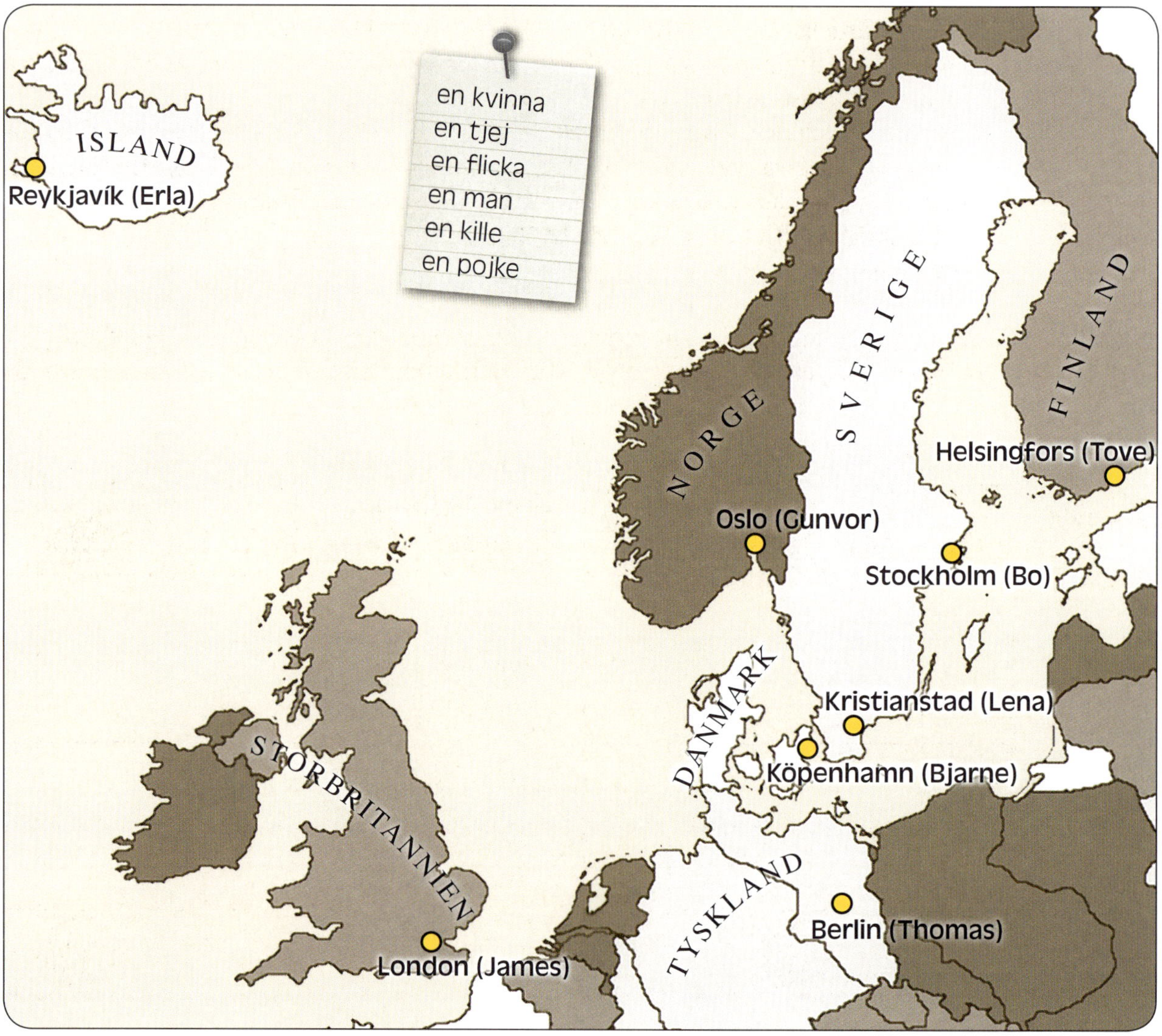

Apropos *man, kvinna, kille* und *tjej*

Die Wörter *man* und *kvinna* (Mann und Frau) bezeichnen allgemein eine erwachsene Person männlichen bzw. weiblichen Geschlechts. *Kille* bezeichnet einen Jungen oder jungen (jugendlichen) Mann. *Tjej* wird ein Mädchen oder junge (jugendliche) Frau genannt. Eine genaue Altersgrenze zwischen *man* und *kille* bzw. *kvinna* und *tjej* gibt es nicht. Der Gebrauch der Wörter *kille* und *tjej* hängt vom Gefühl und der Situation des Sprechenden ab.

6a 35 Att hitta rätt

S: Allan Svensson O: Berit Ohlsson N: Sture Nilsson

Stora Torg

S: Ursäkta, kan du säga mig var turistbyrån ligger?
O: Turistbyrån? Den är där till höger vid Stora Torg.
S: Och Sparbanken?
O: Den ligger på Cardellsgatan.
S: Hur kommer jag dit?
O: Ser du hotellet där rakt fram?
S: Ja.
O: Där är Östra Storgatan. Du går Östra Storgatan rakt fram till Lilla Torg. Sedan tar du till vänster. Det är Cardellsgatan. Sparbanken ligger på höger sida.
N: Förlåt, kan du hjälpa mig också? Hur kommer jag till stationen? Jag vill köra dit med bilen. Den står på parkeringsplatsen vid Domus.
O: Domus ... ja, du kör Östra Boulevarden rakt fram. Vid korsningen svänger du sedan till vänster in på Nya Boulevarden. Du fortsätter rakt fram en bit, förbi Stadshotellet och tar till höger vid trafikljuset. Stationen ligger på vänster sida mittemot kyrkan.
N: Jag tror att jag hittar nu. Tack för hjälpen!
O: Ingen orsak !

6b

Stryk under tio substantiv och skriv upp obestämd och bestämd form, t.ex. *ett torg / torget.*
[Unterstreichen Sie zehn Substantive und schreiben Sie die unbestimmte und die bestimmte Form auf.]

7

Vem är först vid hotellet?

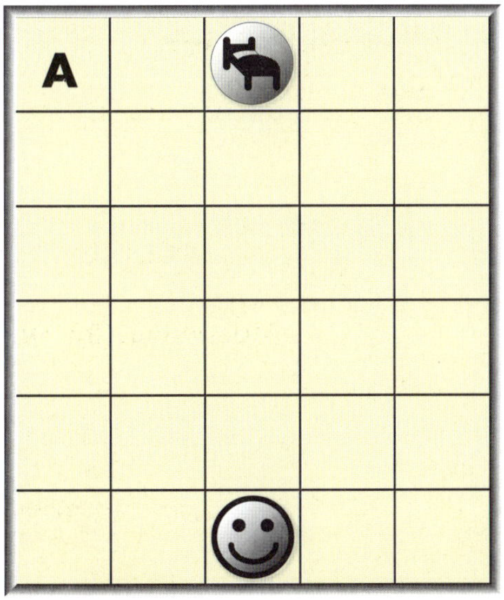

Ord som anger riktning:
[Richtungsangaben]

→ till höger
← till vänster
↑ rakt fram

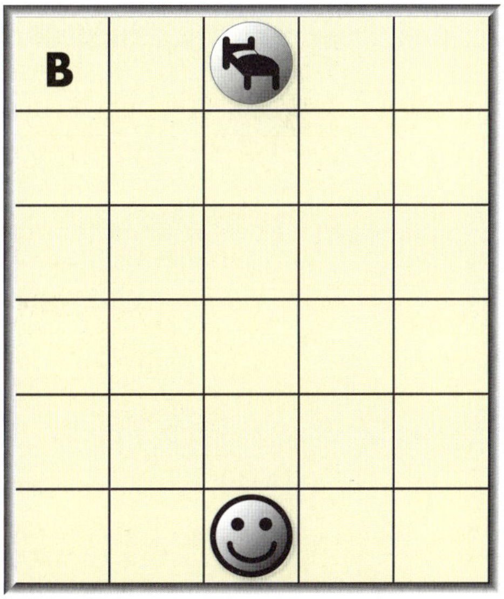

TALA SVENSKA

Legen Sie je eine Spielfigur (Centstück) auf das Gesicht von Spielplan A und B. Kreuzen Sie 5 Felder des Spielplans B an. Setzen Sie die Kreuze so, dass höchstens zwei angekreuzte Felder vertikal, horizontal oder diagonal nebeneinander liegen. Ihr Kontrahent macht dasselbe in seinem Buch. Ziehen Sie mit Ihrer Spielfigur auf dem Spielplan A ein Feld weiter und sagen Sie: ***Jag går till höger/till vänster/rakt fram***. Ist das betreffende Feld frei, schiebt der Kontrahent die Spielfigur auf seinem Spielplan B ein Feld in diese Richtung weiter und sagt: ***Ja, det går bra***. Läuft die Spielfigur gegen ein Feld mit einem Kreuz, so muß sie stehenbleiben und er sagt: ***Nej, det går inte***. Nun ist der Kontrahent am Zug. Wer zuerst im Hotel ist, hat gewonnen.

8 Kristianstads stadskarta

Rådhuset

Glöm inte uttrycken:
[Vergessen Sie nicht die Ausdrücke:]

rakt fram
förbi
i hörnet av
på höger/vänster sida
mittemot
bredvid
mellan

1. Norreport
2. Järnvägsstationen
3. Trefaldighetskyrkan
4. Rådhuset
5. Konsthallen
6. Turistbyrån
7. Regionmuseet
8. Stadshotellet
9. Filmmuseet
10. Fotoaffär
11. Klädbutik
12. Kafé/Konditori
13. Bio(graf)
14. Tivoliparken
15. Bank
16. Apotek
17. Teatern
18. Resebyrå
19. Badhuset
20. Varuhuset Domus
21. Sportaffär
22. McDonalds
23. Busstorget

TALA SVENSKA

Öva situationen "Att hitta rätt"! Använd kartan. Börja t.ex. så här:
[Üben Sie die Situation "Att hitta rätt". Benutzen Sie die Karte. Beginnen Sie zum Beispiel so:]

Jag står vid stationen. Hur kommer jag till Stadshotellet?

Spela upp en dialog två och två. Använd uttrycken:
[Spielen Sie einen Dialog zu zweit. Benutzen Sie die Wendungen:]

**Ursäkta mig! / Förlåt! / Kan du säga mig .... / Hur kommer jag till .... / Ser du ... ?
Den/Det ligger .... / Du kör/går .... / Du svänger/tar till höger/vänster.
Tack för hjälpen. / Ingen orsak.**

Vad vet du nu om Kristianstad? Prata lite tillsammans om Kristianstad!
[Was wissen Sie nun über Kristianstad? Sprechen Sie zusammen ein wenig über Kristianstad!]

Vad är klockan?

Avsnitt 6

I det här avsnittet lär du dig bl.a.
- att fråga och säga vad klockan är
- namnen på veckodagarna
- några vanliga tidsuttryck
- att berätta lite om vardagsvanor
- att använda reflexiva pronomen
- uttal - sj-ljudet och tj-ljudet

In diesem Abschnitt lernen Sie u.a.
- zu fragen und sagen, wie spät es ist
- die Namen der Wochentage
- einige übliche Zeitausdrücke
- etwas über Alltagsgewohnheiten zu erzählen
- das Reflexivpronomen zu gebrauchen
- Aussprache - sj-Laut und tj-Laut

Moraklockor från Nils Olsson Hemslöjd AB, Nusnäs

1a 37 En utflykt

S: Signe A: Anna K: konduktör

I Småland, mellan Hultsfred och Västervik, finns ett annorlunda museum. Här går 7 mil smalspårig järnväg. Man kan gå av och på tåget på vilken station man vill och njuta av naturen, god mat, kultur och evenemang.
Anna och Signe gör en utflykt.

A: Signe, vet du när vi är framme i Hultsfred?
S: Nej, men jag kan titta i tidtabellen. ... Tåget är framme 13.53.
A: Tack. Vad är klockan nu?
S: Du, jag tror att min klocka går efter. Den är tio i elva!
A: Oj då! Batteriet är antagligen slut.
S: Ja, det måste det vara. Vi kan fråga konduktören. Han kommer faktiskt där borta.
K: Vena nästa!
S: Förlåt, hur mycket är klockan?
K: Hon är strax halv två.
S: Tack så mycket.
A: Åh, vad tiden rusar! Då är vi i Hultsfred om en halvtimme.

Stationen i Ankarsrum

1b

Stryk under fem ord var som ni tycker är svåra. Diktera dem för varandra. Rätta till slut. [Unterstreichen Sie fünf Wörter, die Sie schwer finden. Diktieren Sie sich die Wörter gegenseitig. Korrigieren Sie anschließend.]

Foto: Västerviks Turistbyrå

Västervik - "båtfolkets Mecka"

Apropos *Småland*
Småland ist die größte Provinz (Landschaft) Südschwedens. In Småland liegen u. a. die Städte Växjö, Värnamo, Jönköping, Huskvarna, Västervik und Vimmerby.

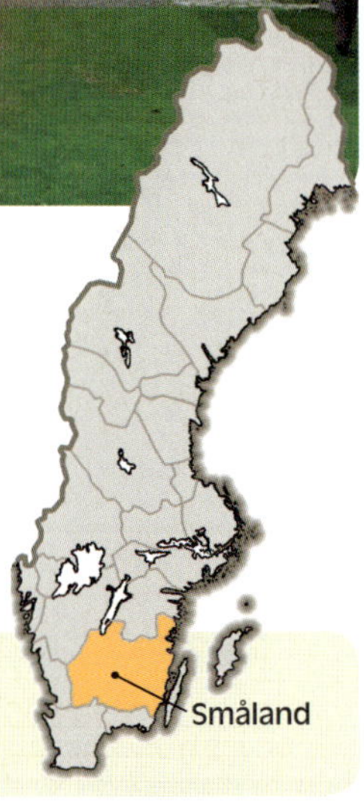

2a Klockan [Die Zeitangabe]

Vad är klockan? Hur mycket är klockan? Vet du hur mycket klockan är? Förlåt, vad är klockan?	Klockan är ***kvart i fyra***. Hon är ***tjugo över fem***. Den är ***fem över halv två***. Den är ***tio i sju***.
När är vi framme?	Vi är framme ***tretton och tjugofem***.

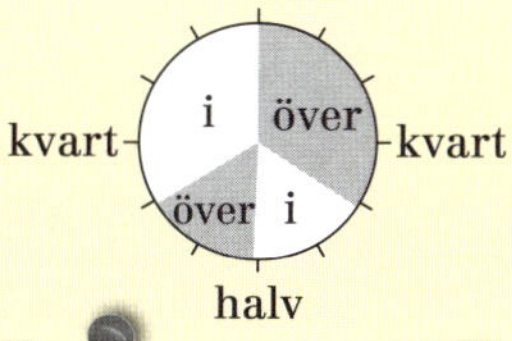

en timme är 60 minuter
en halvtimme är 30 minuter
en kvart är 15 minuter
en minut är 60 sekunder

2b

Öva klockan! Fråga varandra och svara! Använd uttrycken i grammatikrutan. [Üben Sie die Zeitangabe. Fragen Sie sich gegenseitig und antworten Sie. Benutzen Sie die Wendungen im Grammatikkasten.]

3 Tidtabell [Fahrplan]

från	**Hultsfred**	09.55	14.20	18.55
	Vena	10.10	14.35	19.10
	Totebo	10.43	15.08	19.40
till	**Ankarsrum**	11.02	15.27	19.59
från	**Ankarsrum**	11.05	15.30	20.01
	Fårhult	11.14	15.39	20.10
	Valstad	11.20	15.45	20.15
till	**Verkebäck**	11.25	15.49	20.20
från	**Verkebäck**	11.27	15.51	20.22
	Jenny	11.36	16.00	20.31
	Tjustskolan	11.38	16.03	20.34
till	**Västervik**	11.42	16.06	20.45

från	**Västervik**	08.00	12.05	16.20
	Tjustskolan	08.01	12.06	16.21
	Jenny	08.05	12.10	16.25
till	**Verkebäck**	08.14	12.19	16.34
från	**Verkebäck**	08.16	12.21	16.36
	Valstad	08.18	12.23	16.38
	Fårhult	08.24	12.29	16.44
till	**Ankarsrum**	08.34	12.40	16.55
från	**Ankarsrum**	08.35	12.46	16.58
	Totebo	08.53	13.06	17.18
	Vena	09.25	13.28	17.50
till	**Hultsfred**	09.40	13.53	18.05

TALA SVENSKA

Titta i tidtabellen. Fråga varandra och svara! Använd följande uttryck:
[Schauen Sie in den Fahrplan. Fragen Sie sich gegenseitig und antworten Sie. Benutzen Sie folgende Wendungen:]

Du åker från ... klockan ... .
När är du framme i ... ?/Hur dags är du framme i ... ?

Apropos *klockan*
Die schwedische "telefonische Zeitansage" wird *Fröken Ur* genannt und hat die Nummer 90 510.

4a 39 En vanlig onsdag

Nathalie Amrén berättar.

Hej!

Jag heter Nathalie Amrén och jag är sjutton år. Jag bor i Nacka som är en förort till Stockholm. Jag går i Nacka gymnasium i årskurs två. Jag läser samhällsprogrammet med inriktning juridik. Nu ska jag berätta om en vanlig onsdag.

Min väckarklocka ringer tio i sju. Jag vaknar och är ganska pigg. Jag stiger upp, tvättar mig och klär på mig. Sedan äter jag frukost. Jag har ungefär en kvart på mig. Till frukost äter jag fil med flingor och två mackor med leverpastej och gurka. Till det dricker jag ett glas juice. Jag bor nära skolan och går nästan varje morgon. Det är skönt med en promenad.

Skolan börjar tjugo över åtta. På förmiddagen har vi matematik och samhällskunskap. Klockan tjugo över elva har vi lunch. Vi får varm mat här i skolan, så jag äter lunch här varje dag. Sedan har vi lektioner (historia och engelska) till klockan tio över tre. Då slutar skolan. Jag kommer hem ungefär halv fyra.

På eftermiddagen sitter jag någon timme eller två och läser läxor. Vi har mycket läxor. Det gäller att plugga för prov, läxförhör och föredrag. Mellan fem och sex tränar jag på gymmet. Jag är hemma ungefär klockan kvart över sex och halv sju äter jag middag med hela familjen.

På kvällen duschar jag och tittar på tv. Jag går och lägger mig ungefär klockan elva och somnar fort.

4b

Skriv fem frågor var på texten. Byt frågor och svara skriftligt på dem. Rätta gemensamt.

[Schreiben Sie fünf Fragen zum Text auf. Tauschen Sie die Fragen und antworten Sie schriftlich. Korrigieren Sie gemeinsam.]

Apropos *frukost*

Schwedische Mahlzeiten sind: *frukost, lunch, mellanmål, middag* und *kvällsmat*.
Eine leichte Mahlzeit am späten Abend oder in der Nacht nennt man *vickning*.

5a Reflexiva pronomen
[Das Reflexivpronomen]

Jag tvättar ***mig***.	Vi tvättar ***oss***.
Du tvättar ***dig***.	Ni tvättar ***er***.
Han tvättar ***sig***.	De tvättar ***sig***.
Hon tvättar ***sig***.	

Gewöhnliche reflexive Verben:

gifta sig	klä på sig
raka sig	klä av sig
kamma sig	lära sig
spegla sig	skynda sig
tvätta sig	gå och lägga sig
sätta sig	ta på sig
torka sig	ta av sig

5b

Slå med en tärning. Varje tal står för ett personligt pronomen (se rutan till höger). Bilda sedan en kort mening tillsammans med det reflexiva verbet som bilden visar. [Würfeln Sie eine Zahl. Diese entspricht einem Personalpronomen (s. Kasten rechts). Bilden Sie dann einen kurzen Satz zusammen mit dem dargestellten reflexiven Verb.]

a

b
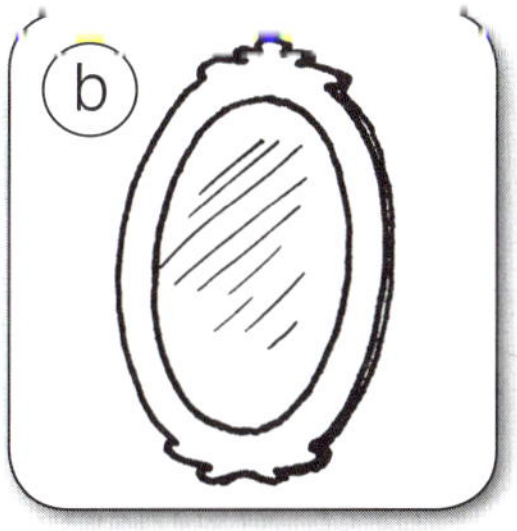

c

Die Würfelzahlen bedeuten:

1	jag
2	du
3	han/hon
4	vi
5	ni
6	de

d
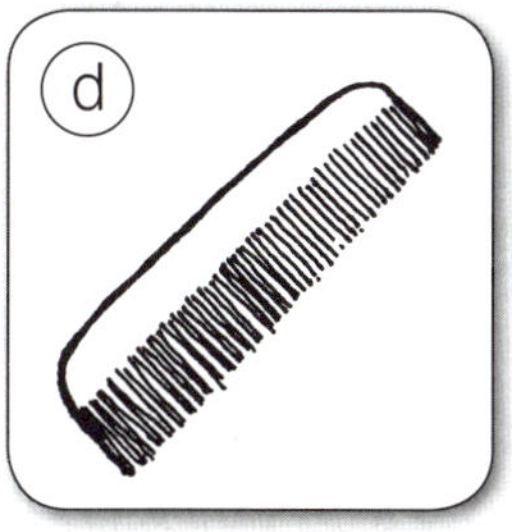

e
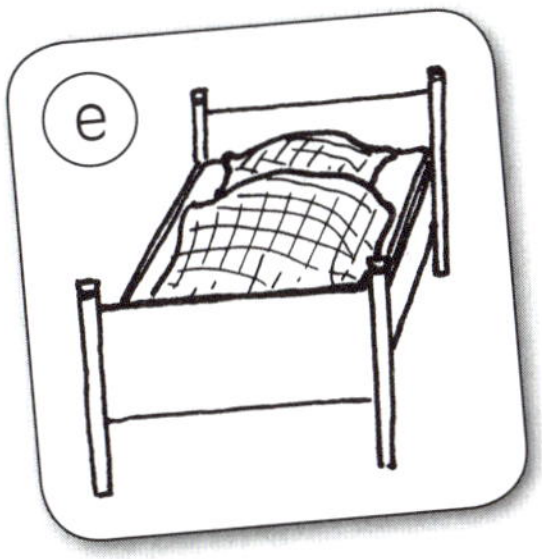

f

g

h

i
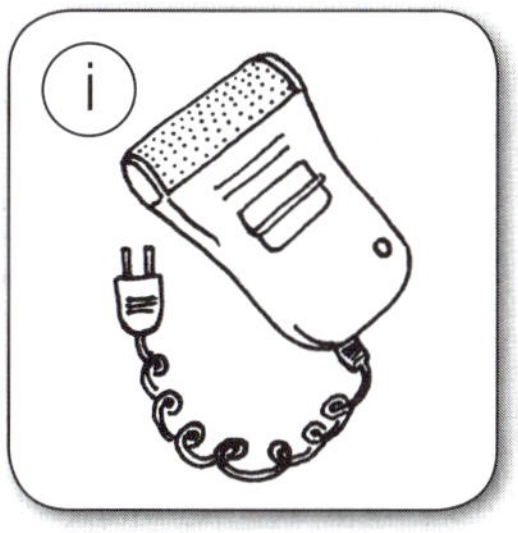

j

6 (41) Uttal - sj-ljudet och tj-ljudet [Aussprache - sj-Laut und tj-Laut]

Lyssna på cd:n och säg efter. [Hören Sie die Wörter auf der CD und sprechen Sie nach.]

Sj-ljudet						Tj-ljudet		
sj	**skj**	**stj**	**ch**	**sion**	**tion**	**ch**	**kj**	**tj**
sju	skjorta	stjärna	chock	pension	station	check	kjol	tjugo
själv	skjutsa	stjälk	chef	version	motion	chips	Kjell	tjata

7 En fredag med Birgitta

1.

Birgitta vaknar.

2.

3.

4.

5.

6.

7.

8.

9.

10.

11.

12.

13.

14.
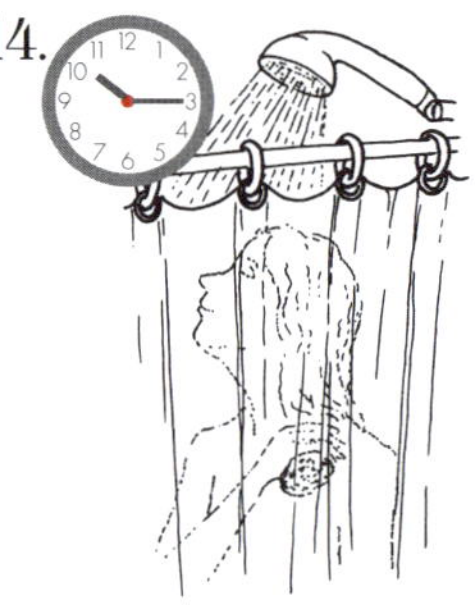

15.

jobba	arbeiten
handla	einkaufen
laga mat	Essen kochen
diska	abwaschen
mellan – och	zwischen – und
efter det	danach
och så	und dann
sedan	dann

TALA SVENSKA

Skriv under teckningarna vad Birgitta gör. Berätta sedan om Birgittas dag!
Hur ser din vardag ut? Vad gör du på morgonen/förmiddagen/eftermiddagen/kvällen? När stiger du upp? När äter du frukost? Vad äter du till frukost? När jobbar du? Berätta!

[Schreiben Sie unter die Zeichnungen, was Birgitta macht. Erzählen Sie dann über Birgittas Tag. Wie sieht Ihr Alltag aus? Was machen Sie am Morgen/Vormittag/Nachmittag/Abend? Wann stehen Sie auf? Wann frühstücken Sie? Was essen Sie zum Frühstück? Wann arbeiten Sie? Erzählen Sie!]

Beachten Sie die Wortfolge: **Birgitta stiger upp klockan 6.30.**
aber: **Klockan 6.30 stiger Birgitta upp.**

8 Nathalies anslagstavla
[Nathalies Pinwand]

TALA SVENSKA

Titta på Nathalies anslagstavla. Vad gör hon? Fråga varandra och svara. Använd följande uttryck:
[Schauen Sie auf Nathalies Pinwand. Was macht sie? Fragen Sie sich gegenseitig und antworten Sie. Verwenden Sie folgende Wendungen:]

Vad gör Nathalie på måndag/tisdag/...?
När ... Nathalie ... ?

9 Har du tid? [Hast du Zeit?]

	måndag	tisdag	onsdag	torsdag	fredag	lördag	söndag
förmiddag							
eftermiddag							
kväll							

TALA SVENSKA

Fyll i 7 aktiviteter i veckoöversikten. En deltagare börjar med att fråga en annan kursdeltagare om hon/han har tid. Får man ett negativt svar, fortsätter hon/han att fråga någon annan. Får man ett positivt svar, kommer man överens om att träffas och nästa kursdeltagare fortsätter att fråga.
[Tragen Sie 7 Aktivitäten in die Wochenübersicht ein. Einer beginnt damit, einen anderen Teilnehmer zu fragen, ob er Zeit hat. Verneint dieser, fragt er den nächsten. Bejaht er, verabredet er sich mit ihm und dieser Kursteilnehmer ist mit Fragen an der Reihe.]

Zum Beispiel:
- ■ **Har du tid på tisdag eftermiddag?**
- ▸ **Nej tyvärr, på tisdag eftermiddag spelar jag tennis.**

oder:
- ▸ **Ja, jag har tid. Ska vi spela tennis?**

spela golf
gå och shoppa
gå på kurs
jogga
gå ut och äta
fiska

Varsågod, här är nyckeln!

Avsnitt 7

I det här avsnittet lär du dig bl.a.
- ord och uttryck i samband med hotell
- att anmärka på något
- några transportmedel
- att ringa efter en taxi
- att använda de indefinita pronomenen *någon, något, ingen, inget*
- att använda de demonstrativa pronomenen *den här, den där*
- uttal - vokalen a

In diesem Abschnitt lernen Sie u.a.
- Wörter und Wendungen im Zusammenhang mit Hotels
- sich über etwas zu beschweren
- einige Transportmittel
- ein Taxi zu bestellen
- die Indefinitpronomen *någon, något, ingen, inget* zu gebrauchen
- die Demonstrativpronomen *den här, den där* zu gebrauchen
- Aussprache - der Vokal a

Skolskeppet "Viking" i hamnen i Göteborg

Gågata i Göteborgs centrum

Kanalbåten "Paddan" i Göteborg

Carl Milles "Poseidonbrunn" på Götaplatsen i Göteborg

1a 42 Att ta in på hotell

H: Hans Meyer R: receptionist

Hans Meyer, en säljare från Stuttgart, är i Göteborg. Han vill bo två nätter på hotell. Han tar in på Hotel Eggers.

R: Välkommen till Hotel Eggers!
H: Hej, jag skulle vilja ha ett enkelrum med dusch för två nätter.
R: Vi har ett mycket trevligt rum ledigt med utsikt över Drottningtorget.
H: Vad kostar det?
R: 1480:-. I rumspriset ingår frukostbuffé och service.
H: Det låter ok. Finns det internetuppkoppling på rummet?
R: O ja, vi har trådlös internetuppkoppling här.
H: Då tar jag rummet.
R: Då kan du fylla i inskrivningsblanketten, och så får jag be om legitimation.
H: Legitimation? Går det bra med den här? I Tyskland har vi ”Personalausweis”.
R: Ja, det är inget problem.
H: Jag är här med bil. Har hotellet något garage?
R: Javisst, du kan parkera bilen i garaget som finns om hörnet här. Det kostar 120:- per dygn.
H: Utmärkt! Då gör jag det.
R: Varsågod, här är nyckeln till rum 319. Ska jag reservera ett bord för ikväll?
H: Nej tack, det är inte nödvändigt. Men ... kan du beställa en taxi till klockan 17:30?
R: Javisst, det går bra.
H: Tack för det.
R: Tack, tack.

Hotel Eggers vid Drottningtorget i Göteborg

Ett dubbelrum på Hotel Eggers

1b Träna glosorna. Använd följande uttryck:

[Üben Sie die Vokabeln. Benutzen Sie folgende Wendungen:]

- **Vad heter ”willkommen” på svenska?**
- **Det heter ”välkommen”.**

Göta kanal

Apropos *Västergötland* und *legitimation*

Bezeichnend für Västergötland sind die sog. Plateauberge, wie z. B. Kinnekulle. In Västergötland verläuft ein Abschnitt des Göta Kanals und am Vänern liegt Läckö slott. Größere Städte sind z. B. Göteborg, Lidköping und Mariestad. In Schweden gilt auch der Führerschein (*ett körkort*) als Ausweis.

2a De indefinita pronomenen *någon, något, ingen, inget*

[Die Indefinitpronomen *någon, något, ingen, inget*]

Har Hotell Svea ***någon*** (en) hiss?	Nej, Hotell Svea har ***ingen (inte någon)*** hiss.
Har Hotell Scania ***något*** (ett) garage?	Nej, Hotell Scania har ***inget (inte något)*** garage.
Finns det (en) pool på Hotell Saga?	Nej, på Hotell Saga finns ***ingen (inte någon)*** pool.

2b

Här får du information om tre hotell. Fråga varandra och svara som i exemplet.

[Hier erhalten Sie Informationen über drei Hotels. Fragen Sie sich gegenseitig und antworten Sie wie im Beispiel.]

Har Hotell Scania någon hiss? **Ja, det har det. / Nej, det har det inte.**

Berätta sedan om standarden, t.ex.:

Hotell Svea och hotell Scania har tv men hotell Saga har ingen tv.

Standard	Hotell Saga	Hotell Svea	Hotell Scania
Tv (en)	Nej	Ja	Ja
Hiss (en)	Ja	Nej	Ja
Parkeringsplats (en)	Ja	Nej	Nej
Garage (ett)	Nej	Ja	Nej
Allergirum (ett)	Nej	Nej	Ja
Handikapprum (ett)	Ja	Nej	Nej
Restaurang (en)	Nej	Ja	Ja
Internetuppkoppling (en)	Ja	Nej	Nej
Pool (en)	Nej	Ja	Nej

3 Ett hotellrum

TALA SVENSKA

Bilda meningar. Du har hjälp av orden på kartotekskortet och prepositionerna **i, på, under, bredvid, till höger om** och **till vänster om.**

[Bilden Sie Sätze. Verwenden Sie die Wörter auf der Karteikarte und die Präpositionen.]

Exempel: **Kudden ligger på sängen.**
Telefonen står på skrivbordet.

4 Att boka hotellrum

Hotel Poseidon ★★★

Hotellet ligger mitt i Göteborg, 200 m från paradgatan Avenyn. 15 minuter till fots når du Liseberg, Svenska Mässan, Scandinavium m.m.
Alla rum är rökfria och har dusch, toalett, hårtork, telefon, tv, radio, skrivbord och trådlös internetuppkoppling.
I rumspriset ingår frukostbuffé.

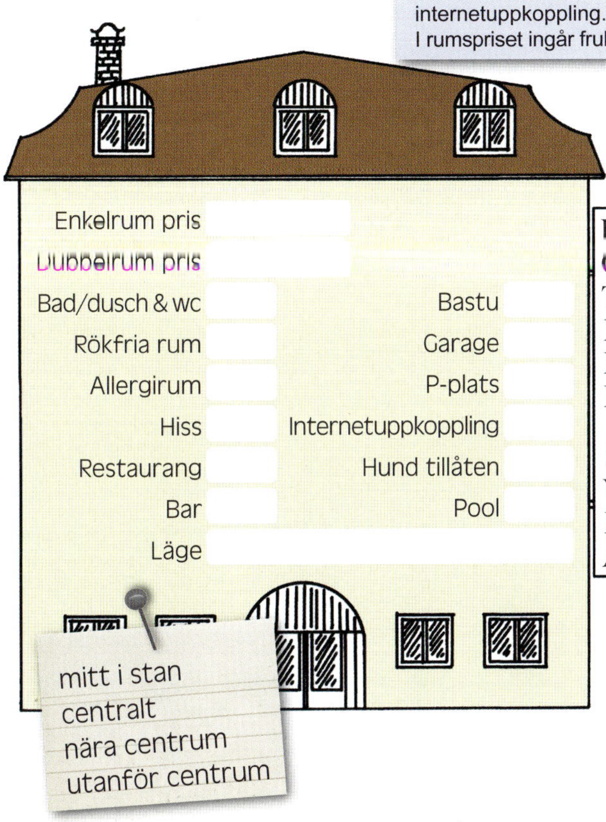

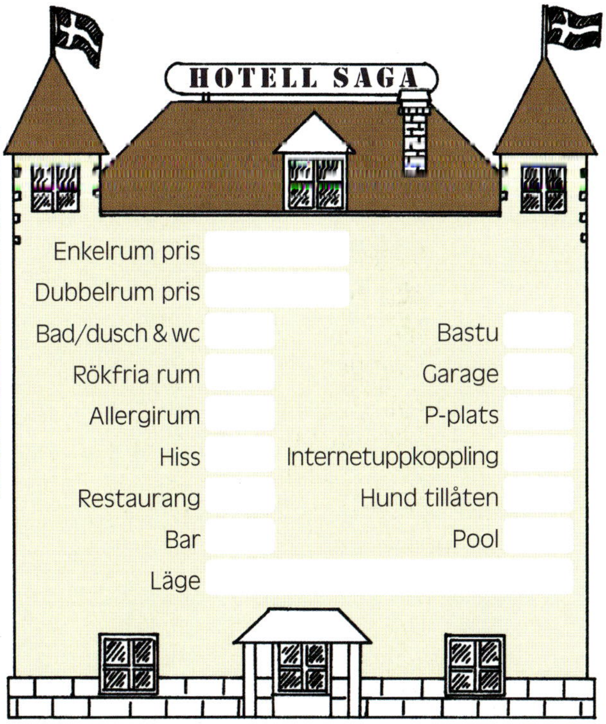

TALA SVENSKA

Välj var sitt hotell och fyll i hotellets standard (pris, "ja" eller "nej" och läge). Person A bokar hotellrummet och person B är receptionisten. Byt roller!
Välj sedan ett av hotellen och skriv en liten annons tillsammans, där du gör reklam för detta hotell. Presentera annonsen för gruppen.

[Entscheiden Sie, wer von Ihnen welches Hotel hat. Tragen Sie den Hotelstandard (Preis, "Ja" oder "Nein" und Lage) in Ihr Hotel ein. Person A bucht das Hotelzimmer und Person B ist die Empfangsdame/der Portier. Tauschen Sie Rollen! Suchen Sie sich anschließend eines der Hotels aus und schreiben Sie zusammen eine kleine Anzeige, in der Sie Werbung für dieses Hotel machen. Stellen Sie die Anzeige der Gruppe vor.]

5 (44) Uttal - vokalen a [Aussprache - der Vokal a]

Lyssna på cd:n och säg efter. [Hören Sie die Wörter auf der CD und sprechen Sie nach.]

Lång vokal			**Kort vokal**		
bra	radio	badrum	att	passa	taxi
ta	uttal	promenad	namn	handla	parkera
ja	teater	varifrån	tack	paraply	anmärka

6 Att anmärka på något

A: Astrid B: Björn

A: Vad är det här för ett hotell! Fönstret går inte att öppna!
B: Ja, det är hemskt! Här finns inte någon askkopp och den där tv:n fungerar inte. I det här badrummet finns det ingen tvål och inte en enda handduk. Nästa år tältar vi, den saken är klar!

7a De demonstrativa pronomenen *den här, den där*

[Die Demonstrativpronomen *den här, den där*]

En-ord (utrum)	**Ett-ord** (neutrum)
Den där radion fungerar inte! ***Den här*** duschen är inte bra!	***Det där*** rummet har ingen tv! ***Det här*** hotellet har inget garage!

7b

Du är på ett hotell men är inte riktigt nöjd. Anmärk på något! Bilda meningar med *den/det här* ( ) och *den/det där* ( ) som i grammatikrutan. Tänk på den bestämda artikeln!

[Sie sind in einem Hotel, sind aber nicht richtig zufrieden. Beschweren Sie sich! Bilden Sie Sätze mit *den/det här* und *den/det där*, wie im Grammatikkasten angegeben. Denken Sie an den bestimmten Artikel!]

1. BADRUM inte bra
2. HOTELL inget garage
3. RUM ingen internet-uppkoppling
4. HOTELL ingen pool
5. RUM ingen tv
6. NYCKEL passar inte
7. DUSCH inte bra
8. PARKERINGS-HUS kostar 150:-/dag
9. HISS fungerar inte
10. FÖNSTER går inte att öppna
11. RESTAURANG inte bra
12. RUM ingen utsikt över parken
13. HOTELL ingen hiss
14. TV fungerar inte
15. RUM ingen telefon

8 Jag tar bilen

bil - buss - cykel - (flyg)plan - färja - motorcykel (mc) - spårvagn - taxi - tunnelbana - tåg

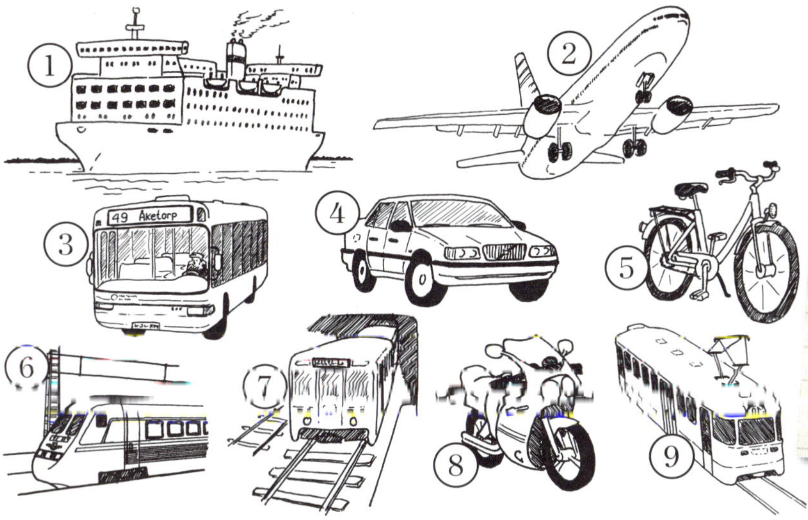

Jag cyklar, flyger, går till fots
Jag kör bil, motorcykel
Jag åker taxi, buss, spårvagn, ...
Jag tar cykeln, flyget, (en) taxi, bussen, bilen, tåget, färjan, spårvagnen, tunnelbanan

TALA SVENSKA

Vilka transportmedel ser du? Fråga varandra och svara.
[Welche Transportmittel sehen Sie? Fragen Sie einander und antworten Sie.]

Vad är nummer ett? **Det är en färja.**

Fråga varandra sedan och svara enligt följande mönster:

1. **Hur kommer du till jobbet/svenskkursen/tandläkaren/hotellet/Sverige?**
2. **Tar du tunnelbanan till jobbet?** **Ja, det gör jag.**
   Nej, det gör jag inte. Jag cyklar.

9 45 Att ringa efter en taxi

T: Taxi Göteborg B: Börje A: Anna (Taxi Göteborg)

T: Välkommen till Taxi Göteborg! For English press five. Tryck ett för personlig service.

A: Välkommen till Taxi Göteborg.
B: Hejsan! Kan jag få en taxi till Strandvägen 17?
A: Ja, vilket namn?
B: Andersson.
A: Och vilken tid?
B: Klockan 19.30.
A: Ja, då kommer bilen 19.30.
B: Tack och hej.

10 Kan jag få en taxi ...

TALA SVENSKA

Ring efter en taxi! Hitta på adresser eller använd kartan på nästa sida.
[Bestellen Sie ein Taxi. Erfinden Sie Adressen oder benutzen Sie die Karte auf der nächsten Seite!]

11 Hotell-spelet

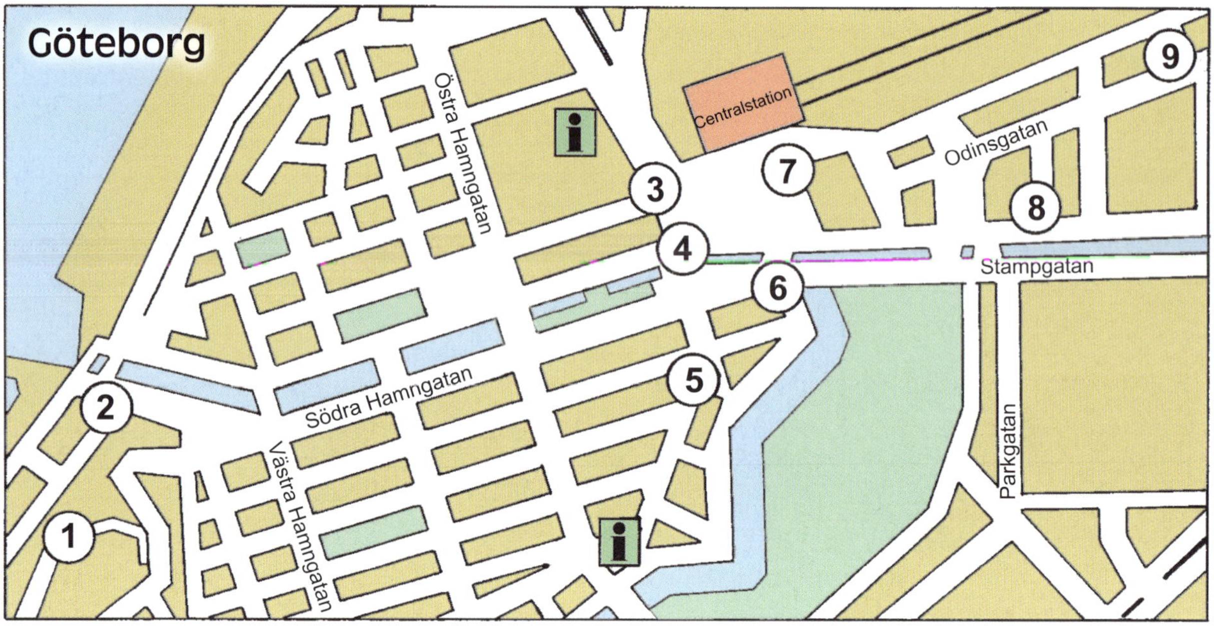

1 Hotel Riverton
2 Best Western Hotell
3 Scandic Europa
4 Hotel Opera
5 Hotel Royal
6 Radison SAS
7 Hotel Eggers
8 Scandic Crown
9 Hotel Rica Göteborg

☐ en resväska

☐ en klocka

☐ ett paraply

☐ en mobil

☐ en necessär

☐ ett körkort

☐ en nyckel

☐ en laptop

TALA SVENSKA

Jedem Spieler in der Gruppe werden zwei der oben aufgeführten Gegenstände zugeordnet. Seine Gegenstände "versteckt" jeder Spieler in zwei der Göteborger Hotels. Nun gilt es für jeden Spieler, die anderen sechs Gegenstände zu suchen. Ein Spieler beginnt und sagt:
"Jag tar en taxi/går till fots/cyklar/tar bilen/tar bussen/tar spårvagnen till hotell ... (Riverton)."
Dann fragt er nach einem Gegenstand:
"Finns ... (resväskan) här?"
Der den betreffenden Gegenstand versteckt hat, antwortet:
"Ja, varsågod, här är ... (resväskan)"
oder **"Nej, på det här hotellet finns ingen ... (resväska)"**
und der nächste Spieler ist an der Reihe. Wer die meisten Gegenstände findet, gewinnt.

Har vi ost hemma? Avsnitt 8

I det här avsnittet lär du dig bl.a.
- ord och uttryck i samband med att handla mat
- namn på olika livsmedel
- lite statistik
- mått- och viktenheter, förpackningar
- recept på "Janssons frestelse"
- att använda plural i obestämd form
- uttal - vokalerna å och o

In diesem Abschnitt lernen Sie u.a.
- Wörter und Wendungen im Zusammenhang mit Lebensmitteleinkäufen
- die Namen verschiedener Lebensmittel
- ein wenig Statistik
- Maß- und Gewichtseinheiten, Verpackungen
- ein Rezept von "Janssons frestelse"
- den Plural in der unbestimmten Form zu gebrauchen
- Aussprache - die Vokale å und o

CITY GROSS

Matöppet

1 I matbutiken

A: Agneta B: Bertil

A: Köer, köer, köer!
B: Ja, det är lördag idag.
A: För två bananer måste man vänta här i timmar. Och bara tre kassor som har öppet. Det är inte klokt!
B: Nej, det är inte kul att stå i kö. Men vi hinner säkert till Åhléns också. De har öppet till 16.00 idag.

2 Öppettider

TALA SVENSKA

Här ser du några matbutiker med olika öppettider. Fråga varandra och svara. Använd följande uttryck:

[Hier sehen Sie einige Supermärkte mit unterschiedlichen Öffnungszeiten. Fragen Sie sich gegenseitig und antworten Sie. Benutzen Sie folgende Wendungen:]

När öppnar/stänger ...? — **... öppnar/stänger klockan ... .**

När har ... öppet på vardagar/lördagar/söndagar? — **... har öppet från ... till ... .**
... har öppet mellan ... och ... .

3a 46 Bodil och Magnus handlar mat

B: Bodil M: Magnus

Bodil och Magnus handlar alltid i en stor matbutik. Idag ska de handla ganska mycket. De kör till affären, hämtar en kundvagn och går in i butiken.

B: Har du inköpslistan, Magnus?
M: Ja, nu ska vi se. Vi behöver bröd. Vi tar väl två limpor?
B: Det blir bra. Titta här! Det är extrapris på punschbollar.
M: Är det? Ja, då måste vi ta ett paket. Frukt och grönsaker ... sallad ... Är salladen färsk, tycker du?
B: Ja, den ser jättefin ut. Vi behöver tomater ... en gurka ... några äpplen ... två apelsiner och en påse potatis.
M: Så. Vi behöver två paket smör, fil och mjölk. Ska jag ta fyra liter mjölk, Eva?
B: Nej, inte så mycket. Två liter räcker!
M: Jaha. Hur är det med kaviar?
B: Vi tar en tub. Har vi ost hemma?
M: Ja, men det räcker inte. Vad tycker du vi ska ta för ost? Grevé eller gräddost.
B: En bit gräddost är väl perfekt.
M: Javisst. Vi kan väl laga Janssons frestelse i helgen.
B: Ja, det låter toppen! Då behöver vi två burkar ansjovis. Har vi lök?
M: Ja, det har vi. Kan inte du gå till charken och handla skinka och köttfärs, så hämtar jag resten.
B: Ok!

Magnus hämtar ansjovis, grädde, en kartong ägg, djupfrysta köttbullar, wienerkorv, en flaska matolja, en back öl, toalettpapper, tandkräm och tvättmedel. Efter en stund träffas de vid godiset och väger upp 400 gram lösgodis. Sedan går de till kassan, betalar och packar allt i några papperskassar. De går ut till bilen, lämnar tillbaka kundvagnen och kör hem.

CITY GROSS

3b

I texten hittar du en del ord som står i plural. Stryk under dem. Ta reda på singularformerna, gör en tabell och fyll i den. Vilka ändelser använder man för att bilda plural? [Im Text gibt es viele Wörter, die im Plural stehen. Unterstreichen Sie diese. Ermitteln Sie die Singularformen, erstellen Sie eine Tabelle und tragen Sie die Wörter ein. Welche Endungen benutzt man, um den Plural zu bilden?]

Plural	Obestämd form singular	Bestämd form singular
limpor	en limpa	limpan

Apropos *jämförpris*

Jämförpris ist eine zusätzliche Kilo- oder Literpreisangabe, um Preise der verschiedenen Verpackungsgrößen vergleichen zu können.

4 Ett diagram

Utgifter för olika livsmedel och drycker i Sverige i procent (2005)

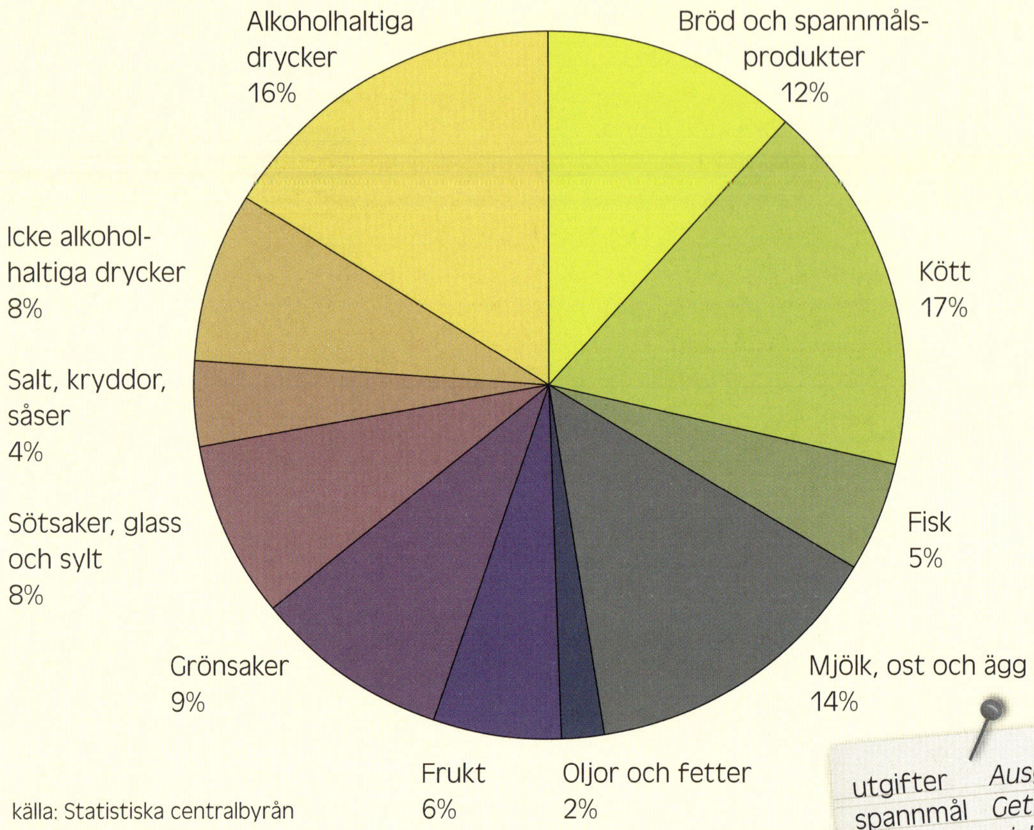

källa: Statistiska centralbyrån

utgifter	*Ausgaben*
spannmål	*Getreide*
icke	*nicht*

TALA SVENSKA

Titta på diagrammet och prata med varandra. Använd följande uttryck:
[Schauen Sie auf das Diagramm und unterhalten Sie sich darüber. Benutzen Sie folgende Wendungen:]

Diagrammet visar att ... procent går till ... .
Man kan se att ... procent går till ... .

5 48 Uttal - vokalerna å och o [Aussprache - die Vokale å und o]

Lyssna på cd:n och säg efter.

Vokal å		**Vokal o (wie å)**		**Vokal o**	
Lång vokal	**Kort vokal**	**Lång vokal**	**Kort vokal**	**Lång vokal**	**Kort vokal**
gå	lång	son	korv	stor	ost
två	mått	lov	boll	klok	hon
stå	åtta	sova	olja	bo	hos
påse	påsk	dialog	soppa	fot	procent
någon	många	honung	honom	citron	onsdag
fråga	åska	telefon	klocka	godis	potatis

6a Substantiv - plural (obestämd form) [Das Substantiv - Plural (unbestimmte Form)]

Har vi ***gurkor*** hemma?
Jag tar två ***påsar*** med äpplen.
Behöver vi ***apelsiner***?
Ska vi ta ***ägg***?

Hur ***många*** gurkor? (Anzahl)
Hur ***mycket*** mjöl? (Menge)

Dekl.	Singular	Plural
1.	en gurka	många gurk***or***
2.	en påse	många pås***ar***
3.	en apelsin	många apelsin***er***
4.	ett äpple	många äpple***n***
5.	ett ägg	många ägg

6b

Vad heter livsmedlen i singular och plural? Gör två kopior av denna sida och klipp ut korten. Spela sedan "Memory". Säg ordet i singular och plural varje gång du vänder på ett kort.
[Wie heißen die Lebensmittel im Singular und Plural? Machen Sie zwei Kopien dieser Seite und schneiden Sie die Karten aus. Spielen Sie dann "Memory". Sagen Sie jedesmal das Wort im Singular und Plural, wenn Sie eine Karte aufdecken.]

7a 49 Vid charkdisken

B: Bodil E: expediten

E: Femtiotvå.
B: Hej, vad kostar blandfärsen idag?
E: Den kostar 49:- kilot.
B: Bra, då tar jag fem hekto.
E: Tack, något annat?
B: Kan jag få ett hekto rökt skinka och fem wienerkorvar också.
E: Javisst. Hur många korvar sa du?
B: Fem stycken.
E: Varsågod! Var det bra så?
B: Tack, det var allt. Hej!

Charkdisken i en Vi-butik

en nummerlapp

7b

Kombinera vikt- och måttenheterna som exemplet visar. Gör övningen muntligt!
[Kombinieren Sie die Gewichts- und Maßeinheiten wie im Beispiel. Machen Sie die Übung mündlich]
Exempel: **100 g är ett hekto.**

Ex. 100 g	1 liter
1. 10 dl	50 deciliter
2. 5 hg	1 kilo
3. 1500 g	1 deciliter
4. 5 dl	1/2 liter (en halv liter)
5. 10 hg	1 hekto
6. 5 l	50 gram
7. 0,1 l	1/2 kilo (ett halvt kilo)
8. 1/2 hg	1 1/2 kilo (ett och ett halvt kilo)

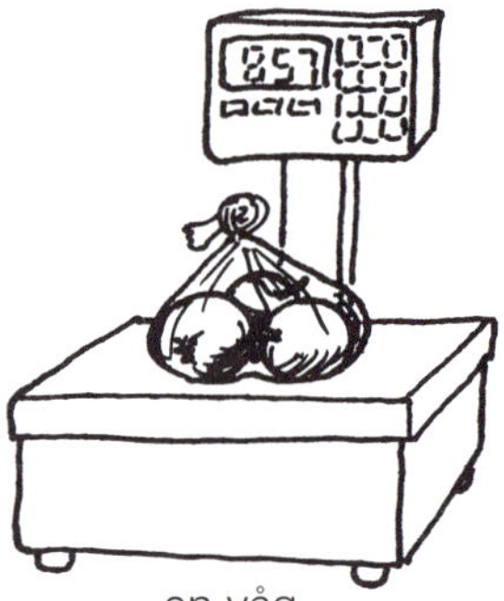

en våg

8 Att handla vid charken

salami	kassler
blandfärs	fransyska
fläskfärs	renstek
medvurst	kokt/rökt skinka
leverkorv	wienerkorv

TALA SVENSKA

Spela situationen "Vid charkdisken". Varje kund får en "nummerlapp" och expediten ropar upp numret. Du har hjälp av dialogen och orden på kartotekskortet.
[Spielen Sie die Situation "Vid charkdisken". Jeder Kunde erhält einen Nummernzettel und der Verkäufer ruft die Nummer auf. Der Dialog und die Wörter auf der Karteikarte helfen Ihnen.]

Apropos *nummerlapp*

Fast überall, wo man in Schweden persönlich bedient wird, muss man erst einen kleinen Zettel mit einer Nummer ziehen, den ***nummerlapp.*** Man wartet dann, bis die Nummer aufgerufen oder auf einem Display angezeigt wird.

9 Vi går och handlar

TALA SVENSKA

Lägg ut alla 36 ”Memory”-korten på olika ställen i kurslokalen. Arbeta två och två. En av er skriver en inköpslista. Gå sedan och ”handla”. Diskutera vad ni vill ha och kom med förslag på vad ni vill köpa. Använd följande uttryck:

[Legen Sie alle 36 ”Memory”-Karten auf verschiedenen Plätzen im Kursraum aus. Arbeiten Sie dann zu zweit. Einer von Ihnen schreibt eine Einkaufsliste. Gehen Sie anschließend ”einkaufen”. Diskutieren Sie, was Sie haben möchten und schlagen Sie vor, was Sie kaufen wollen. Benutzen Sie folgende Wendungen:]

Vi behöver... . / Behöver vi ... ? / Vi kan väl ta ... . / Ska vi ta ... ? / Hur är det med ... ? / Det låter toppen! / Kan inte du ... ? / Vad tycker du? / Det räcker/räcker inte. Hur många ... ska vi ta? / Hur mycket ... ska vi ta?

10 Recept på Janssons frestelse

4 portioner

Ingredienser:
En burk ansjovisfiléer
(ungefär 8-10 ansjovisar)
1 kg potatis (ca 10 potatisar)
2 gula lökar
3 dl grädde eller mjölk
2 matskedar (msk) smör

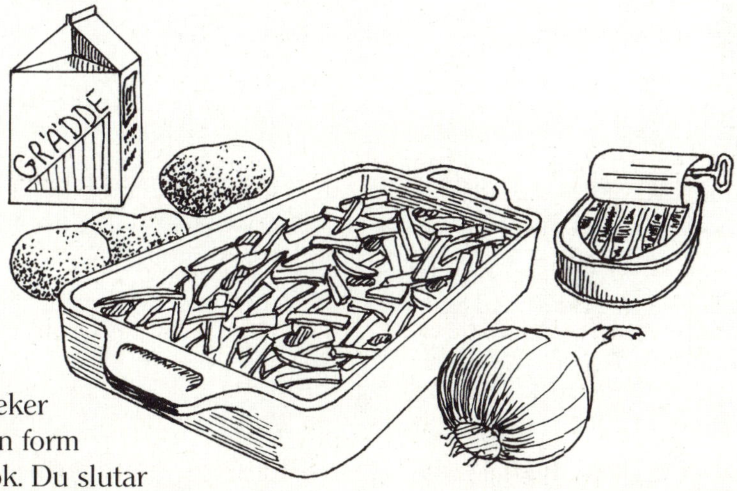

Ugnstemperatur 225 grader. Först skalar du potatisen och skär den i strimlor. Sedan skalar du löken, skär den i bitar och steker den hastigt. Nu kan du smörja en form och varva potatis, ansjovis och lök. Du slutar med potatis. Sedan häller du över hälften av grädden, lägger på några klickar margarin och låter formen stå (mitt i ugnen) i 45 minuter. Till slut häller du över resten av grädden och låter formen stå i ugnen ca 15 minuter till. Du kan servera Janssons frestelse med en sallad.

Lycka till och smaklig måltid!

11 Byt recept! [Tauschen Sie Rezepte aus!]

TALA SVENSKA

Vet du något bra recept? Skriv upp receptet på tyska först och berätta sedan på svenska för dina kurskamrater vad du behöver för ingredienser och hur du lagar maträtten eller bakar kakan! [Kennen Sie ein leckeres Rezept? Schreiben Sie es erst einmal auf Deutsch auf und erzählen Sie dann auf Schwedisch den anderen Kursteilnehmern, welche Zutaten Sie dafür benötigen und wie Sie Ihr Gericht zubereiten oder Ihren Kuchen backen.]

Smaklig måltid!

Avsnitt 9

I det här avsnittet lär du dig bl.a.
- att beställa mat och dryck på en restaurang
- tala om hur någonting smakar
- uttrycka att du tycker/inte tycker om något
- ord i samband med ett dukat bord
- uttryck i samband med en middag
- att använda imperativ
- att använda adverben *också, inte heller*
- uttal - vokalen u

In diesem Abschnitt lernen Sie u.a.
- im Restaurant Essen und Getränke zu bestellen
- zu sagen, wie etwas schmeckt
- auszudrücken, dass Sie etwas mögen/nicht mögen
- Wörter im Zusammenhang mit einem gedeckten Tisch
- Ausdrücke im Zusammenhang mit einem Mittagessen
- den Imperativ zu gebrauchen
- die Adverbien *också, inte heller* zu gebrauchen
- Aussprache - der Vokal u

Gästgivaregården i Åhus

Restaurang Kippers källare i Kristianstad

Restaurang Bakfickan i Visby

1a 50 Ett restaurangbesök

M: Mamma Anita   P: Pappa Sven   G: Göran, 5 år   T: Tomas, 3 år   S: Servitris

Familjen Dahlgren är på semester och ligger med sin segelbåt i Visby hamn. De vill uppleva medeltidsveckan. Först tittar de på ett äkta tornerspel och sedan bestämmer de sig för att äta en bit mat. De går in på en fiskrestaurang som ligger vid Stora Torget.

Medeltidsveckan i Visby

P: Ska vi ta bordet här vid fönstret?
M: Ja, det ser väl trevligt ut.
G: Mamma, jag vill ha pommes frites!
M: Göran, sluta tjata nu, är du snäll! Jag vet att du är trött och hungrig. Vi beställer mat strax.
S: Varsågoda, här är matsedeln.
M: Tack! Har ni barnmeny?
S: Javisst. Köttbullar med potatismos eller torskfilé med remouladsås.
P: Tomas och Göran, vad vill ni ha nu då?
T: Köttbullar!
G: Jag vill också ha köttbullar!
P: Då tar vi två portioner köttbullar med potatismos, tack. Jag tycker om räkor ... så jag skulle vilja ha rökta räkor som förrätt. Som varmrätt tar jag stekt strömming.
M: Jag har svårt att bestämma mig ... . Jag gillar soppa ... . Kan jag få en ostronsoppa som förrätt. Och sedan tar jag grillad lax.
S: Gärna det. Något att dricka?
P: Ett glas juice och ett glas mjölk och två lättöl, tack.
S: Tack så mycket. Jag kommer strax.

S: Varsågoda! Smaklig måltid!
P: Tack så mycket!
M: Åh, det smakar gott!
P: Ja, mycket bra. Strömmingen är färsk och fin.

G: Mamma, jag orkar inte mer.
T: Inte jag heller. Jag är proppmätt!
M: Ät upp maten nu, så blir det glass sedan.
T: Jippi, glass!
P: Vill du ha efterrätt, Anita?
M: Nej tack, jag är så nöjd.
P: Är ni färdiga, så ber jag om notan.
M: Tack för maten, Sven, det var jättegott!
G: Tack för maten, pappa!

Restaurang Bakfickan i Visby

1b

Stryk under alla verb. En av er säger verbet i infinitiv och kurskamraten skriver verbet i presens, t.ex. *"ta"* - **tar**. Turas om. Rätta till slut.

[Unterstreichen Sie alle Verben. Einer von Ihnen sagt das Wort im Infinitiv und der Partner schreibt es im Präsens auf, z. B. *ta* - *tar*. Wechseln Sie sich ab. Korrigieren Sie zum Schluss.]

Apropos *nota* und *Visby*

In Schweden ist das Trinkgeld (*dricks*) immer im Preis inbegriffen. Aber häufig rundet man auf und sagt *"Det är jämnt"* oder *"Det är bra så"*.
Visby ist eine der ältesten schwedischen Städte und liegt auf Gotland.

2 Det fattas något [Es fehlt etwas]

1 en duk
2 en kniv
3 en gaffel
4 en sked
5 en dessertsked
6 en tallrik
7 en djup tallrik
8 ett (vin)glas
9 en servett
10 en saltströare (salt)
11 en pepparströare (peppar)

TALA SVENSKA

Vad heter sakerna på bordet? Fyll i rätt siffra. En kursdeltagare "dukar bordet" för en person och räknar upp vad han dukar. Han "glömmer" några saker. Nästa kursdeltagare räknar upp vad som fattas på bordet. Varje kursdeltagare dukar bordet en gång. Använd följande fraser: [Wie heißen die Sachen auf dem Tisch? Tragen Sie die richtige Nummer ein. Ein Kursteilnehmer "deckt den Tisch" für eine Person, zählt auf, was gerade auf den Tisch kommt und "vergisst" ein paar Sachen. Der nächste zählt auf, was noch auf dem Tisch fehlt. Jeder in der Runde deckt einmal den Tisch. Benutzen Sie die Wendungen:]

Jag dukar .... . **Det fattas .... .**

3a Verb - imperativ [Das Verb - Imperativ]

Konjugation	Infinitiv	Imperativ	
1.	(att) sluta	***Sluta!***	***Sluta*** tjata nu, är du snäll!
2a.	(att) ringa	***Ring!***	***Ring*** ikväll!
2b.	(att) köpa	***Köp!***	Var snäll och ***köp*** en tidning!
3.	(att) sy	***Sy!***	***Sy*** klänningen!
4.	(att) äta	***Ät!***	***Ät*** upp maten, är ni snälla!

3b Be någon i gruppen att: [Bitten Sie jemanden in der Gruppe:]

rekommendera något gott	stänga fönstret	reservera ett bord	beställa en taxi	köpa kaffe
bestämma sig	svänga till höger	titta på kartan	hjälpa till	tala långsamt
komma i morgon	handla mat	boka ett hotellrum	ta ut pengar	ringa till Jan

Apropos *bord*
Smörgåsbord und *gående bord* sind skandinavische Büfetts.

4 På restaurangen - ett rollspel

Matsedel

förrätter

Räksallad 62:-

Gravad lax 78:-

Ostronsoppa 99:-

Gravad oxfilé 87:-
med honungssenap och vintersallad

varmrätter

Hälleflundra 209:-
kokt hälleflundrefilé med grönsaker, smörsås och kokt potatis

Inlagd strömming 128:-
inlagd strömming med kaviarsås

Grillad laxfilé 195:-
grillad laxfilé med bladspenat, schalottenlök och smörsås

Renfilé 225:-
serveras med stekt potatis, lingonsylt och storviltjägarsås

Grillad kalvbiff 199:-
grillad kalvbiff och baconsallad, svartpepparsmör och stekt potatis

efterrätter

Chokladtryffel 52:-

Glass & choklad 59:-
vaniljglass och chokladsås

Saffranspannkaka 73:-
Gotlands speciella saffranspannkaka med salmbärssylt och vispgrädde

barnmeny

Köttbullar med potatismos, gräddsås och lingon 60:-
glass serveras till efterrätt

Grillkorv och pommes frites 55:-
glass serveras till efterrätt

Pannkaka med sylt och grädde 50:-
glass serveras till efterrätt

Samtliga priser inkluderar moms.

drycker

Rött vin: Côte du Rhône A.C.	glas	53:-
Vitt vin: Alzeyer Wartberg QbA	glas	55:-
Öl: Carlsberg de Luxe	flaska	27:50
Loka (mineralvatten)	flaska	15:50
Läsk	flaska	18:-
Äppeljuice	flaska	20:-
Coca-Cola	glas	18:50
Mjölk	glas	18:00
Te	kopp	22:-
Kaffe	kopp	25:-

TALA SVENSKA

Spela situationen på restaurangen och använd matsedeln. Välj mat och dryck och beställ. Låt fantasin flöda! Ha det så roligt!
[Spielen Sie eine Szene im Restaurant und benutzen Sie die Speisekarte. Wählen Sie Essen und Getränke und bestellen Sie. Haben Sie Phantasie! Viel Spaß!]

5a Adverben *också, inte heller* [Die Adverbien *också, inte heller*]

Hanna tycker om glass.	Kristin tycker ***också*** om glass.
Hanna tycker inte om öl.	Kristin tycker ***inte heller*** om öl.
Sven gillar strömming.	Anita gillar ***också*** strömming.
Tomas gillar inte fisk.	Göran gillar ***inte heller*** fisk.

5b

Kryssa för vad ni tycker om (+) eller inte tycker om (-). Tala sedan om en sak i taget som exemplet visar: [Kreuzen Sie jeder für sich an, was Sie mögen (+) oder nicht mögen (-). Erzählen Sie von jeweils einer Sache nach folgendem Muster:]

- Jag tycker (inte) om ... . / Jag gillar (inte) ... .
- ▸ Jag tycker också/inte/inte heller om ... . / Jag gillar också/inte/inte heller ... .

Drycker	+	-
öl		
vitt vin		
rött vin		
te		
kaffe		
konjak		
whisky		

Frukt & bär	+	-
apelsiner		
äpplen		
aprikoser		
fikon [Feigen]		
russin [Rosinen]		
lingon [Preiselbeeren]		
körsbär [Kirschen]		

Fisk & kött	+	-
lax		
sill		
räkor		
kräftor		
lever		
lammkött		
skinka		

Grönsaker & kryddor	+	-
ärter		
svamp		
sparris [Spargel]		
vitlök		
spenat		
chilipeppar		
dill		

Maträtter	+	-
pannbiff med lök och potatis		
ärtsoppa och pannkakor med sylt		
spagetti med köttfärssås		
pyttipanna med rödbetor		
torskfilé med remouladsås och kokt potatis		
kycklinggryta med ris och sallad		
köttbullar med lingon och kokt potatis		

Apropos *maträtt*

Die schwedische Entsprechung für Mittagstisch heißt *dagens rätt*. Als *dagens rätt* werden meistens gewöhnliche Gerichte preiswert angeboten (ca. 50-70 Kronen).

6 52 Uttal - vokalen u [Aussprache - der Vokal u]

Lyssna på cd:n och säg efter.

Lång vokal			Kort vokal		
du	djup	plural	rum	under	grundare
hur	duka	natur	stund	gurka	uppleva
nu	sluta	utflykt	kurs	sjutton	köttbullar

7 En middag [Ein Dinner]

Kan jag få saltet? Nej tack, det är bra. Lite mera vin? Åh, vad gott! Skål! Varsågod!

TALA SVENSKA

Vilken replik passar i vilken pratbubbla? Fyll i! Planera sedan en middag tillsammans. Hur många gäster vill ni bjuda? Vad vill ni laga för mat (förrätt, varmrätt, efterrätt)? Är en av er/gästerna vegetarian eller allergiker? Vad måste ni handla? Gör en inköpslista. Presentera till slut idéerna för gruppen.

[Welche Replik passt in welche Sprechblase? Tragen Sie ein! Planen Sie anschließend zusammen ein Dinner. Wieviele Gäste wollen Sie einladen? Welches Essen wollen Sie zubereiten (Vorspeise, Hauptgericht, Nachspeise)? Ist einer von Ihnen/den Gästen Vegetarier oder Allergiker? Was müssen Sie einkaufen? Schreiben Sie eine Einkaufsliste. Stellen Sie zum Schluss die Ideen der Gruppe vor.]

Trevlig helg!

Avsnitt 10

I det här avsnittet lär du dig bl.a.
- ord och uttryck i samband med brev
- att gratulera någon på födelsedagen
- att planera något
- namn på olika svenska helger och festdagar
- namn på månaderna och årstiderna
- ordningstal, datum och årtal
- att använda preteritum
- uttal - vokalen e

In diesem Abschnitt lernen Sie u.a.
- Wörter und Wendungen im Zusammenhang mit Briefen
- jemandem zum Geburtstag zu gratulieren
- etwas zu planen
- Namen verschiedener schwedischer Festtage
- die Namen der Monate und Jahreszeiten
- Ordnungszahlen, Datum und Jahreszahl
- das Präteritum zu gebrauchen
- Aussprache - der Vokal e

Midsommar i Sverige

1a 53 När vill du ta semester?

M: Miguel O: Ove

Miguel kommer från Bolivia. Han kom till Sverige 1998. Han gick en sfi-kurs och lärde sig svenska rätt snabbt. Sedan läste han in gymnasiet på komvux och utbildade sig till undersköterska. Han fick jobb på sjukhuset och är bl.a. ansvarig för semesterplaneringen. Han träffar Ove i personalrummet.

M: Du Ove, får jag fråga en sak? När vill du ta semester i år?
O: Är det ok om jag tar tre veckor i augusti? Jag tänkte på vecka 33 till 35.
M: Ja, det går nog bra. Jörgen är pappaledig från och med den femtonde oktober. Anna ska fira midsommar i Dalarna, sa hon, och ville ha semester vecka 26.
O: Ville hon? Runt midsommar! Då blir det regn!
M: Nej, sluta! Vill du ha en kopp kaffe eller ... ?
O: Te, tack! ... Men när vill du ha semester då?
M: Det passar nog bra i september. Då är du här igen. Vänta ... jag ska bara ta fram almanackan. Nu ska vi se ... september ... ja, måndagen den tredje till fredagen den nionde. Jättebra!
O: En vecka. Inte mer?
M: Nej, jag hoppas att jag kan ta en vecka runt allhelgonahelgen också.
O: Det är klart. På hösten kan det vara skönt med lite ledighet. Nej, nu måste jag sticka. Trevlig helg!
M: Tack detsamma! Vi syns!

1b Träna glosorna. Använd följande uttryck:

- Vet du vad "Urlaub" heter på svenska?
- ▸ Det heter "semester".

Dalarna

Apropos *Dalarna*, *invandrare*, *sfi* und *komvux*

Die Landschaft Dalarna ist für die meisten verbunden mit Mittsommerfest, Volksmusik, Dalapferdchen, weißen Birken, Carl Larsson, Anders Zorns Gemälden und dem "Vasaloppet" und prägt daher stark das Bild Schwedens in der Welt.
In Schweden haben ca. 15,8 % der Bevölkerung einen Migrationshintergrund (2004). Die größten Einwanderungsgruppen kommen aus Finnland, dem ehemaligen Jugoslawien und dem Irak (2004).
Sfi (*svenska för invandrare*) ist ein Ausbildungsprogramm zum Erlernen der schwedischen Sprache für Erwachsene mit Migrationshintergrund.
Die kommunale Erwachsenenausbildung, auch *komvux* genannt, findet man in allen Kommunen des Landes und wendet sich an alle, die ihre Schulbildung auf Grundschul- oder Gymnasialniveau vervollständigen möchten.

2a Ordningstal, datum [Ordnungszahlen, Datum]

1	första	5	femte	9	nionde	13	trettonde
2	andra	6	sjätte	10	tionde	14	fjortonde
3	tredje	7	sjunde	11	elfte	15	femtonde
4	fjärde	8	åttonde	12	tolfte	osv.	

Vilket datum är det idag? Idag är det ***den femtonde mars.***
När fyller Sune år? Sune fyller år/har födelsedag ***tisdagen den fjärde juni.***

2b Titta på månaden april i almanackan! När har … namnsdag? När är det flaggdag? Berätta!

vår
mars
april
maj

sommar
juni
juli
augusti

höst
september
oktober
november

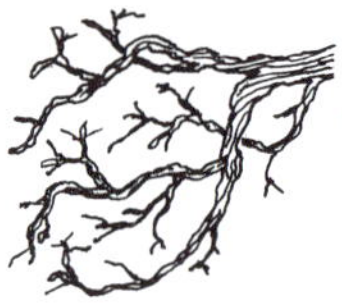

vinter
december
januari
februari

V	MÅNDAG	TISDAG	ONSDAG	TORSDAG	FREDAG	LÖRDAG	SÖNDAG
14	1 Harald	2 Gunnel	3 Ferdinand	4 Irene Skärtorstagen	5 Nanna Långfredagen	6 Vilhelm ⚐ Påskafton	7 Irma Påskdagen
15	8 Vanja Annandag påsk	9 Otto	10 Ingvar	11 Ulf	12 Julius	13 Artur	14 Tim
16	15 Olivia	16 Patrik	17 Elias	18 Volmar	19 Olaus	20 Amalia	21 Annika
17	22 Allan	23 Georg	24 Viveka	25 Markus	26 Teresia	27 Enok	28 Ture
18	29 Kennet	30 Mariana Valborgsmässoafton ⚐					

augusti uttalar man "agusti"
⚐ flaggdag *Tag, an dem geflaggt wird*

3 Vad har du för dig? [Was hast du vor?]

TALA SVENSKA

Ta fram era almanackor och tala om vad ni har för planer i år/nästa år. Fråga varandra:
[Holen Sie Ihre Kalender heraus und sprechen Sie darüber, was sie in diesem/im nächsten Jahr für Pläne haben. Fragen Sie einander.]

Vad har du för dig i januari, februari, mars, ... ?

Gör semesterplanering i gruppen. Använd uttrycken:

Får jag fråga en sak? / Är det ok om .... / När vill du ta semester?
Jag tänkte .... / Passar det ... ? / Det passar bra. / Jag vill ha semester runt .... .

Apropos *Sveriges flagga*

In Schweden ist die Flagge häufig gehisst. Man flaggt an allgemeinen Flaggtagen, Feiertagen und zu besonderen Anlässen. Vom 1. März bis 31. Oktober hisst man die Flagge um 8 Uhr, sonst um 9 Uhr. Sie wird bei Sonnenuntergang eingeholt, aber nicht später als 21 Uhr.

4a Årtal [Jahreszahlen]

Vilket år är Anneli född?	Anneli är född ***1998*** **(*nittonhundranittioåtta*)**.
När levde Astrid Lindgren?	Från 1907 **(*nittonhundrasju*)** till 2002 **(*tjugohundratvå*)**

4b

Titta på kronologin. Fråga varandra och svara som exemplet visar:
Vad händer 1967? **1967 inför man högertrafiken.**
Ni känner säkert till fler händelser i historien. Samtala med varandra.
[Sie kennen bestimmt weitere Begebenheiten in der Geschichte. Sprechen Sie miteinander.]

1145	Man inviger Lunds domkyrka.
1370	Den heliga Birgitta får rätt att grunda Vadstena kloster.
1523	Gustav Vasa blir kung.
1778	Man inför religionsfrihet för utlänningar.
1856	Järnvägen Ervalla-Örebro öppnar för trafik.
1967	Man inför högertrafik.
1969	Olof Palme blir socialdemokratisk partiledare och statsminister.
1974	ABBA vinner melodifestivalen med låten "Waterloo".
1976	Björn Borg vinner Wimbledon.
1980	Det är folkomröstning i kärnkraftsfrågan.
2005	Man inviger Turning Torso i Malmö.
2006	Regeringen Reinfeld tillträder som Sveriges regering.

5 55 Ja, må han leva! - en svensk födelsedagsvisa

Ja, må han leva!
Ja, må han leva!
Ja, må han leva uti hundrade år!
Javisst ska han leva!
Javisst ska han leva!
Javisst ska han leva uti hundrade år!

Är det en kvinna eller flicka som fyller år, sjunger man: "Ja, må hon leva!"

6 En födelsedagspresent

TALA SVENSKA

Fråga varandra och svara! Använd följande uttryck:

När fyller du år?	**Jag fyller år den ... .**
Vilket år/När är du född?	**Jag är född ... .**

Arbeta två och två. Välj ut en kurskamrat som ni vill ge en födelsedagspresent till. Diskutera vad hon/han skulle kunna tycka om. Använd uttryck som:
[Suchen Sie sich einen Kursteilnehmer aus, dem Sie ein Geburtstagsgeschenk geben möchten. Diskutieren Sie, was sie/er mögen könnte. Gebrauchen Sie Wendungen wie:]

Vad tycker du? / Ska vi köpa ... ? / Gillar hon/han ... ?
Det blir/låter bra! / Jag tycker att vi köper ... .

7a Ett födelsedagsbrev

Fredrik fyller arton år den tjugoåttonde juni. Fredriks mormor Anita köper en fin födelsedagspresent. Sedan skriver hon ett brev och packar ett paket. Hon går till mataffären för att skicka paketet. Här är brevet som Anita skrev till Fredrik:

Rättvik den 23 juni

Kära Fredrik!

Grattis på födelsedagen! Vad tiden går fort! Nu är du redan arton år och myndig. Jag glömmer aldrig hur du cyklade omkring med din första cykel. Du var så stolt! Jag girerar lite pengar till körkortet. När kan du köra upp? Hoppas du gillar presenten. Pia ringde i lördags. Hon mår bra och hälsar. På midsommarafton var morfar och jag i hembygdsparken. Oj, vad mycket folk det var! Många hade folkdräkter på sig. De spelade folkmusik hela dagen och hade som vanligt en massa aktiviteter för barnen. Vi dansade lite, åt jordgubbar och tittade på, när de reste den jättestora midsommarstången. Vad gjorde ni? Hade ni kul? Jag hoppas att vi kan ha släktträff här i Rättvik nästa år! I onsdags tittade vi på bilar. Morfar vill gärna ha en stor, typ minibuss. Då ska vi naturligtvis sälja Volvon. Men det fixar Janne. Vädret här är inget vidare. Jag längtar efter er allihop!

Hälsa Anna, mamma och pappa.

Kram

Mormor och morfar

Observera betoningen:

titta på	zuschauen
titta på	angucken

Spelmän midsommar

Midsommarstångs-resning i Rättvik

Kyrkbåtsrodd på Siljan

7b I brevet står en del verb i preteritum. Kan du hitta dem? Stryk under dem och skriv upp infinitiv-, presens- och preteritumformerna, t.ex.: [Einige Verben stehen im Präteritum. Können Sie sie finden? Unterstreichen Sie die Wörter und schreiben Sie die Infinitiv-, Präsens- und Präteritumformen auf, z. B.:]

cykla **cyklar** **cyklade**

Apropos *post*

In Schweden trifft man heutzutage die Post als Vertretung oder Service in Lebensmittelgeschäften oder Tankstellen an. Hier kann man Briefmarken kaufen oder Briefe und Pakete verschicken. Briefmarken und Postkarten kann man häufig auch im Kiosk und Tabaksladen kaufen.

8a Verb - preteritum [Verb - Präteritum]

Konj.	Infinitiv	Preteritum	
1.	att cykla	cykla***de***	Jag ***cyklade*** till stranden.
2a.	att ringa	ring***de***	***Ringde*** du Göran?
2b.	att köpa	köp***te***	Jag ***köpte*** stugan i Småland 1993.
3.	att bo	bo***dde***	Sven ***bodde*** i London i många år.
4.	att ha	***hade***	De ***hade*** aktiviteter för barn.
	att vara	***var***	Vi ***var*** i Lund igår.
	att göra	***gjorde***	Vad ***gjorde*** ni?
	att skriva	***skrev***	Hon ***skrev*** ett brev.

Tidsuttryck: i måndags, i tisdags, i onsdags etc., igår, förra veckan
[Zeitausdrücke: letzten Montag, letzten Dienstag, letzten Mittwoch usw., gestern, vorige Woche]

8b

Titta i Jennys almanacka. Vad gjorde hon? Fråga varandra och svara som exemplet visar:
Vad gjorde Jenny i onsdags? **Jenny spelade golf.**
Gå tillbaka till sidan 54 och berätta vad Birgitta gjorde.
Ta sedan fram din almanacka. Vad gjorde du själv i måndags/i tisdags/igår/förra veckan? Berätta!
Gå till sist tillbaka till övning 4 b och sätt verben i preteritum. Fråga:
Vad hände 1967? **1967 införde man högertrafiken.**

9 En semesterresa

TALA SVENSKA

Berätta om en semesterresa du gjorde någon gång. Frågorna hjälper dig.
[Erzählen Sie von einer Urlaubsreise, die Sie einmal gemacht haben. Die Fragen helfen Ihnen.]

Vart reste du? / När reste du? / Hur reste du? / Reste du ensam eller i grupp?
Hur bodde du? / Vad gjorde/upplevde du? / Vad såg du? / Åt du något speciellt?

10 (56) Uttal - vokalen e [Aussprache - der Vokal e]

Lyssna på cd:n och säg efter.

Lång vokal			**Kort vokal**		
med	resa	leva	ett	pengar	svenska
mer	trevlig	spela	helg	vecka	eller
brev	fredag	ledighet	men	efter	semester

11 Almanack-spelet

3 Nyårsdagen (1/1)
Du sover till kl. 15.00 ■

6 Trettondagsafton (5/1)
Du bjuder vänner på middag. ⏩

7 Trettondagen (6/1)
Du fyller år. Grattis! ▸ 15

11 Långfredagen
Här måste du vänta tills den sista deltagaren går om dig.

12 Påskafton (lördag)
Du får ett påskägg. ⏩

13 Påskdagen
Du firar påskgudstjänst i kyrkan. ■

14 Annandag påsk
Du är hos vänner och äter påskbord. Det är en rolig kväll. ▸ 16

17 Valborgsmässoafton (30/4)
(vardag) Du går till majbålet och grillar korv. ◂ 10

18 Första maj (1/5)
Du demonstrerar. ◂ 15

20 Kristi himmelfärdsdag
Du gör en utflykt med familjen. ▸ 22

23 Pingstafton (lördag)
Du gifter dig och är lycklig. ▸ 29

24 Pingstdagen
Din sons konfirmation. ⏩

25 Annandag pingst (vardag)
Du hälsar på din mormor. Drick kaffe med henne. ■

28 Sveriges nationaldag (6/6)
Du vill hissa flaggan men kan inte hitta den. ◂ 21

31 Midsommarafton (fredag)
Klä midsommarstången! ■

32 Midsommardagen
Du är i Lappland och upplever midnattssolen. ⏩

35 Allhelgonadagen (1/11)
Gå till kyrkogården och tänd ett ljus! ▸ 37

38 Nobeldagen (10/12)
(vardag) Du känner nobelpristagaren i fysik. Gratulera honom! ▸ 41

40 Luciadagen (13/12)
(vardag) Kvinna: Du är Sveriges Lucia. ▸ 42
Man: Du vill inte vara stjärngosse. ■

43 Julafton (24/12)
Du klär ut dig till tomte och delar ut julklappar. ▸ 46

44 Juldagen (25/12)
Du hälsar på släkten och dansar kring granen. ■

45 Annandag jul (26/12)
Du äter för mycket av julbordet. ◂ 30

48 Nyårsafton (31/12)
Grattis! Vi skålar med champagne. Du är spelets vinnare!

- ■ Stå över ett kast.
- ⏩ Slå ett extra kast.
- ▸ Gå fram till nummer...
- ◂ Gå tillbaka till nummer...

TALA SVENSKA

Regeln: Man spielt mit einem Würfel. Jeder Spieler hat eine Spielfigur. Man rückt so viele Felder vor, wie man Augen gewürfelt hat. Bleibt man auf einem Kalender stehen, muss man den entsprechenden Anweisungen folgen. Wer zuerst genau auf die 48 gelangt, hat gewonnen. Viel Spaß!

Wörterverzeichnis Schwedisch - Deutsch

Angabe des Substantivs: Grundform, bestimmte Form Singular, unbestimmte Form Plural
Ein Strich (–) bedeutet, dass die Pluralform mit der Grundform identisch ist.
Angabe des Verbs: Infinitiv, Präsens, Präteritum
Angabe des Adjektivs: Grundform, t-Form, Plural

Abkürzungen: ugs. umgangssprachlich

Die abschnittsweise gegliederte chronologische Vokabelliste finden Sie im Übungsbuch.

A

Adjö!	Auf Wiedersehen!
adress -en -er	Adresse
affärsvän -nen, -vänner	Geschäftsfreund
afton -en, aftnar	Abend
aktivitet -en -er	Aktivität
aldrig	niemals
alkoholhaltig, -haltigt, -haltiga	alkoholhaltige
alla dagar	jeden Tag
allergirum -met –	Allergikerzimmer
allhelgonahelgen	Allerheiligen
allihop	alle zusammen
allt	alles
alltid	immer
almanacka -n, almanackor	Kalender
anmärk/a -er -te **på något**	etwas beanstanden
annandag jul	zweiter Weihnachtstag
annandag pingst	Pfingstmontag
annandag påsk	Ostermontag
annorlunda	anders
ansjovis -en -ar	Anschovis
anslagstavla -n, -tavlor	Pinwand
ansvarig	verantwortlich
antagligen	wahrscheinlich
apelsin -en -er	Apfelsine
apelsinjuice -n -r	Orangensaft
apotek -et –	Apotheke
aprikos -en -er	Aprikose
april	April
arbeta -r -de	arbeiten
Armenien	Armenien
askkopp -en -ar	Aschenbecher
att	zu
augusti	August
av	von
avsändare -n –	Absender
axel -n, axlar	Schulter

B

back -en -ar	Kiste
bacon -en (-et)	Bacon
bad -et –	Bad
bada -r -de	baden
badhus -et –	Schwimmhalle
badplats -en -er	Badestelle
badrum -met –	Badezimmer
baguette -n -r	Baguette
bakelse -n -r	Gebäck
bakom	hinter
ballong -en -er	Ballon
bana -n, banor	Bahn
banan -en -er	Banane
bank -en -er	Bank
bankomat -en -er	Geldautomat
bar -en -er	Bar
bara	nur
barnmeny -n -er	Kinderteller
bastu -n -r	Sauna
batteri -et -er	Batterie
be -r, bad **om**	um etwas bitten
behöv/a -er -de	brauchen
bensinstation -en -er	Tankstelle
berätta -r -de	erzählen
bestå -r, bestod	bestehen
beställ/a -er -de	bestellen
bestämm/a -er, bestämde **sig**	sich entscheiden
besök -et –	Besuch
besök/a -er -te	besuchen
betala -r -de	bezahlen
betyd/a -er, betydde	bedeuten
bibliotek -et –	Bibliothek
bil -en -ar	Auto
bild -en -er	Bild
bio -n, biografer	Kino
bit -en -ar	Stück
bjud/a -er, bjöd	einladen
bl.a. (bland annat)	u. a. (unter anderem)
bladspenat -en	Blattspinat
blanda -r -de	verrühren
blandfärs -en -er	gemischtes Hack
bli -r, blev	werden
block -et –	Schreibblock
blomma -n, blommor	Blume
blomsteraffär -en -er	Blumenladen
blåbär -et –	Heidelbeere
bo -r, bodde	wohnen
boardingkort -et –	Bordkarte
boende -t	(das) Wohnen
bok -en, böcker	Buch
boka -r -de	buchen
bokhandel -n, -handlar	Buchladen
Bolivia	Bolivien
bord -et –	Tisch
bra, bra, bra	gut
bredvid	neben
brev -et –	Brief
brevlåda -n, -lådor	Briefkasten
brevpapper, -pappret, –	Briefpapier
broschyr -en -er	Broschüre
brygga -n, bryggor	Steg
bröd -et –	Brot
bröst -et –	Brust
burk -en -ar	Dose
buss -en -ar	Bus
busshållplats -en -er	Bushaltestelle
busstorg -et –	ZOB
butik -en -er	Laden
by -n -ar	Dorf
båt -en -ar	Boot
båtfolk -et –	Bootsliebhaber
bäst	am besten
börja -r -de	anfangen

C

campingplats -en -er	Campingplatz
cape -n -r	Cape
cd-spelare -n –	CD-Spieler
cell -en -er	Zelle
central, centralt, centrala	zentral
centrum -et –	Zentrum
champagne -n	Sekt
champinjon -en -er	Champignon
chark -en -er	Fleisch- und Wursttheke
charkdisk -en -ar	Fleisch- und Wursttheke
check -en -ar	Scheck
checka -r -de **in**	einchecken
chef -en -er	Chef
chips -et	Chips
chock -en -er	Schock
choklad -en	Schokolade
chokladkaka -n, -kakor	Tafel Schokolade
cigarett -en -er	Zigarette
cirka	zirka
cirkus -en -ar	Zirkus
citron -en -er	Zitrone
civilstånd -et –	Familienstand
cola -n, color	Cola
cornflakes	Cornflakes
cup -en -er	Cup
cykel -n, cyklar	Fahrrad
cykla -r -de	Fahrrad fahren

D

dag -en -ar	Tag
daghem -met –	Tagesstätte
dagis -et –	Tagesstätte
dagligen	täglich
Danmark	Dänemark
dans -en -er	Tanz
dansa -r -de	tanzen
danska -n	Dänisch
de	sie
december	Dezember
deciliter -n, -litrar (dl)	Deziliter (100 ml)
del -en -ar	Teil
dela -r -de **ut**	verteilen
deltagare -n –	Teilnehmer
demonstrera -r -de	demonstrieren
den	er, sie, es, der, die, das
Den saken är klar.	Das ist ja (wohl) klar.
den sista	der/die/das letzte
den tredje	der/die/das dritte
den/det där	dieser/diese/dieses (dort)
den/det här	dieser/diese/dieses (hier)
dessertsked -en -ar	Dessertlöffel
det	er, sie, es, der, die, das
Det blir bra.	Das ist (wird) gut.
Det blir glass.	Es gibt Eis.
Det blir ...	Das macht ...
det gäller	es geht um
det räcker	es/das reicht
Det är inte klokt!	Das ist verrückt!
Det är väl perfekt.	Das ist genau richtig/ super.
detsamma	der/die/das gleiche
diagram -met –	Diagramm, Grafik
dialog -en -er	Dialog
dill -en	Dill
disk -en -ar	hier: Tresen
diska -r -de	abwaschen
dit	dorthin
djup tallrik -en -ar	tiefer Teller
djupfryst, -fryst, -frysta	tiefgefroren
domkyrka -n, -kyrkor	Dom
dotter -n, döttrar	Tochter
drick/a -er, drack	trinken
dryck -en -er	Getränk
drömm/a -er, drömde	träumen
du	du
dubbelrum -met –	Doppelzimmer
duk -en -ar	Tischdecke
duka -r -de	Tisch decken
dusch -en -ar	Dusche
duscha -r -de	duschen
då	da, dann, denn
där	dort
där borta	da hinten
dörr -en -ar	Tür

E

efter	nach
efter det	danach
eftermiddag -en -ar	Nachmittag
efternamn -et –	Nachname
efterrätt -en -er	Nachtisch
eller	oder
en gång till	noch einmal
enda	der/die/das einzige
engelska -n	Englisch
England	England
enkelrum -met –	Einzelzimmer
enkrona -n, -kronor (en krona)	Ein-Kronen-Münze
ensamstående	alleinstehend
evenemang -et –	Ereignis, Veranstaltung
expedit -en -er	Verkäufer(in)
extra, extra, extra	extra, zusätzlich
extrapris -et -er	Sonderangebot

F

faktiskt	in der Tat
fall/a -er, föll	fallen
falukorv -en -ar	Fleischwurst
familj -en -er	Familie
far, fadern, fäder	Vater
fattas, fattas, fattades	es fehlt
februari	Februar
femkrona -n, -kronor (en femma)	Fünfkronenmünze
femtiokronorssedel -n -sedlar	Fünfzigkronenschein
femtiolapp -en -ar	Fünfzigkronenschein
femtioöring -en -ar	50-Öre-Münze
fest -en -er	Fest, Feier
fett -et -er	Fett
fika -r -de	Kaffee trinken
fikon -et –	Feige
fil -en	Schwedenmilch
filé -n -er	Filet
film -en -er	Film
filt -en -ar	Wolldecke
fin, fint, fina	schön, fein, gut
finhackad	feingehackt
Finland	Finnland
finna, finns, fanns	es gibt
finska -n	Finnisch
fira -r -de	feiern
fisk -en -ar	Fisch
fiska -r -de	angeln
fiskeplats -en -er	Angelplatz
fixa -r -de	organisieren, ordnen
flagga -n, flaggor	Flagge
flaggdag -en -ar	Tag, an dem geflaggt wird
flaska -n, flaskor	Flasche
flicka -n, flickor	Mädchen
flinga -n, flingor	Flocke
flyg/a -er, flög	fliegen
flygplan -et –	Flugzeug
flygplats -en -er	Flughafen
flytt -en -ar	Umzug
fläskfärs -en -er	Schweinehack
folk -et –	Volk
folkdräkt -en -er	Volkstracht
folkmusik -en	Volksmusik
folkomröstning -en -ar	Volksbefragung
form -en -ar	Form (zum Backen)
fort	schnell
fortsätt/a -er, fortsatte	fortsetzen

fotboll -en -ar	Fußball
foto -t -n	Foto
fotoaffär -en -er	Fotoladen
fralla -n, frallor	Brötchen
framför	vor
framgå -r, framgick	hervorgehen
framme	ankommen, da sein
Frankrike	Frankreich
franska -n	Französisch
fransyska -n, fransyskor	1. Französin 2. Rinderbraten
fredag -en -ar	Freitag
frimärke -t -n	Briefmarke
fru -n -ar	Ehefrau
frukost -en -ar	Frühstück
frukostbuffé -n -er	Frühstücksbüfett
frukostfika -n	Komplettfrühstück
frukt -en -er	Obst, Frucht
fråga -n, frågor	Frage
fråga -r -de	fragen
från	von
från ... till	von ... bis
fungera -r -de	funktionieren
funka -r -de	funktionieren
fyll/a -er -de **i**	ausfüllen
fyll/a -er -de **år**	Geburtstag haben, ... Jahre alt werden
fyrstjärnigt hotell	Vier-Sterne-Hotel
fysik	Physik
få -r, fick	bekommen
Får jag be om ... ?	Darf ich um ... bitten?
Får jag be om notan!	Darf ich zahlen, bitte!
Får jag fråga ... ?	Darf ich fragen ... ?
färdig, färdigt, färdiga	fertig
färja -n, färjor	Fähre
färsk, färskt, färska	frisch
färskpotatis -en -ar	neue Kartoffeln
född	geboren
födelsedag -en -ar	Geburtstag
fönster, fönstret, –	Fenster
för	für
för att	um zu
för mycket	zuviel
förbi	vorbei
föredrag -et –	Vortrag
förlovad	verlobt
Förlåt!	Verzeihung!
Förlåt?	Wie bitte?
förmiddag -en -ar	Vormittag
förnamn -et –	Vorname
förort -en -er	Vorort
förpackning -en -ar	Verpackung
förra veckan	vorige Woche
förrän	bevor
förrätt -en -er	Vorspeise
först	zuerst
förstå -r, förstod	verstehen

G

gaffel -n, gafflar	Gabel
gammal, gammalt, gamla	alt
ganska	ziemlich
ganska bra	recht gut
garage -t –	Garage
garnera -r -de	garnieren
gata -n, gator	Straße
gatukök -et –	Imbißbude
genom	durch
gift	verheiratet
gift/a -er, gifte **sig**	heiraten
gilla -r -de	gern mögen
girera -r -de	überweisen
gitarrmusik -en	Gitarrenmusik
Glad pingst!	Frohe Pfingsten!
Glad påsk!	Frohe Ostern!
glas -et –	Glas
glass -en -ar	Eis
glömm/a -er -de	vergessen
God fortsättning!	eine gute "Fortsetzung" der Feiertage wünscht man zwischen Weihnachten und Neujahr, nach Neujahr und nach Ostern.
God jul!	Frohe Weihnachten!
God morgon!	Guten Morgen!
God natt!	Gute Nacht!
god, gott, goda	lecker, gut
Goddag!	Guten Tag!
godis -et	Süßigkeiten
golf -en	Golf
golfbana -n, -banor	Golfplatz
Gott nytt år!	Frohes Neues Jahr!
grad -en -er	Grad
gran -en -ar	Tannenbaum
gratis	gratis
Grattis på födelsedagen!	Herzlichen Glückwunsch zum Geburtstag!
gratulera -r -de	gratulieren
gravad	gebeizt
grillad	gegrillt
grunda -r -de	gründen
grundare -n –	Gründer
grupp -en -er	Gruppe
gryta -n, grytor	Topf
grå, grått, gråa	grau
grädde -n	Sahne
gräddfil -en	Schmandt
gräddost -en -ar	Butterkäse
grönsak -en -er	Gemüse
gudstjänst -en -er	Gottesdienst
gul, gult, gula	gelb
gurka -n, gurkor	Gurke
gym -met –	Fitnesscenter
gymnasium, gymnasiet, gymnasier	Gymnasium
gymnastik -en	Gymnastik
gå -r, gick	gehen
gå -r, gick **av**	aussteigen
gå -r, gick **i skolan**	zur Schule gehen
gå -r, gick **in**	hineingehen
gå -r, gick **och lägg/a** -er, la(de) **sig**	zu Bett gehen
gå -r, gick **och shoppa** -r -de	shoppen gehen
gå -r, gick **på kurs**	zum Kurs gehen
gå -r, gick **ut**	(her)ausgehen
gå -r, gick **ut och ät/a** -er, åt	Essen gehen
gå -r, gick **fram**	vorgehen
gå -r, gick **om**	überholen
gå -r, gick **tillbaka**	zurückgehen
gågata -n, gågator	Fußgängerzone
gångavstånd -et –	zu Fuß erreichbar
gärna	gerne
göra, gör, gjorde	machen

H

ha -r, hade	haben
Hallå!	Hallo!
halv, halvt, halva	halb
halvtimme -n, -timmar	halbe Stunde
hamburgare -n –	Hamburger
hamn -en -ar	Hafen
han	er
handduk -en -ar	Handtuch
handikapprum -met –	Behindertenzimmer
handla -r -de	einkaufen
hare -n, harar	Hase
hastig, hastigt, hastiga	hier: kurz
hav -et -	Meer
Hej då!	Tschüss!
Hej så länge!	Bis nachher!
Hej!/Hejsan!	Hallo!
Hej, hej!	Tschüss!
hekto -t – (-n)	Hektogramm (100 g)
hel, helt, hela	ganz
helg -en -er	Feiertag, Wochenende
helig, heligt, heliga	heilig

hellre	lieber
hem	nach Hause
hembygdspark -en -er	Freilichtmuseum
hemma	zu Hause
hemsida -n, -sidor	Homepage
hemsk, hemskt, hemska	schrecklich, fürchterlich
henne	ihr, sie
het/a -er, hette	heißen
hinn/a -er, hann	schaffen
hiss -en -ar	Fahrstuhl
hissa -r -de	hissen
historia, historien, historier	Geschichte
hitta -r -de	finden
hjälp -en -er	Hilfe
hjälp/a -er -te	helfen
hjälp/a -er -te **till**	helfen
Holland	Holland
holländsk, holländskt, holländska	holländisch
holländska -n	Holländisch
hon	sie
honom	ihm, ihn
honung -en	Honig
hoppas, hoppas, hoppades	hoffen
hos	bei
hotell -et –	Hotel
hotellrum -met –	Hotelzimmer
hund -en -ar	Hund
hundrakronorssedel -n -sedlar (en hundralapp)	Hundertkronenschein
hungrig, hungrigt, hungriga	hungrig
Hur ... ?	Wie ... ?
Hur dags ... ?	Wann ... ?
Hur mycket är klockan?	Wie spät ist es?
Hur mår du?	Wie geht es dir?
Hur stavar man ... ?	Wie buchstabiert man ... ?
Hur står det till?	Wie steht´s?
Hur är det?	Wie geht´s?
Hur är läget?	(ugs.) Wie ist die Lage?
hus -et –	Haus
huvud -et –	Kopf
hål -et –	Loch
hållplats -en -er	Haltestelle
hår -et	Haar
hårdpumpad	hart aufgepumpt
hårtork -en -ar	Föhn
hälft -en -er	Hälfte
häll/a -er -de **över**	übergießen
hälleflundra -n, -flundror	Heilbutt
hälsa -r -de	grüßen
hälsa -r -de **på**	besuchen
hälsning -en -ar	Gruß
hämta -r -de	holen
här	hier
härlig, härligt, härliga	herrlich
häst -en -ar	Pferd
högertrafik -en	Rechtsverkehr
hörn -et –	Ecke
höst -en -ar	Herbst

I

i	in, vor
i morgon	morgen
i måndags	letzten Montag
i närheten	in der Nähe
i onsdags	letzten Mittwoch
i tisdags	letzten Dienstag
icke	nicht
idag	heute
igår	gestern
ikväll	heute Abend
information -en -er	Information
införa, inför, införde	einführen
Ingen orsak!	Keine Ursache!
ingen, inget, inga	kein, keine, keiner, keinen
Inget vidare!	Nicht besonders!
ingrediens -en -er	Zutat
ingå -r, ingick	inbegriffen sein
inkludera -r -de	einschließen
inköpslista -n, -listor	Einkaufsliste
inlagd	eingelegt
inriktning -en -ar	Schwerpunkt
inskrivningsblankett -en -er	Aufnahmeformular
institut -et –	Institut
inte	nicht
inte heller	auch nicht
internetadress -en -er	Internetadresse
internetuppkoppling -en -ar	Internetanschluss
intervju -n -er	Interview
invig/a -er -de	einweihen
invånare -n –	Einwohner
Island	Island
IT-företag -et –	Computerfirma
Italien	Italien
italienska -n	Italienisch

J

ja	ja
Jag mår bra.	Mir geht es gut.
Jag skulle vilja ha ...	Ich hätte gern ...
jaha	ach so
januari	Januar
jaså	ach so
javisst	selbstverständlich
jo	ja, doch
jobb -et –	Job, Anstellung
jobba -r -de	arbeiten
jogga -r -de	joggen
jordgubbe -n, jordgubbar	Erdbeere
jordnöt -en, -nötter	Erdnuss
juice -n -r	Saft
jul -en -ar	Weihnachten
julafton -en, -aftnar	Heiligabend
julbord -et –	Weihnachtsbüfett
juldag -en -ar	erster Weihnachtstag
juli	Juli
julklapp -en -ar	Weihnachtsgeschenk
juni	Juni
juridik -en	Jura
jämförpris -et –	Vergleichspreis
järnväg -en -ar	Eisenbahn
jättefin, -fint, -fina	sehr gut
jättegod, -gott, -goda	sehr lecker

K

kafé -et -er	Café
kaffe -t	Kaffee
kaffesugen	durstig nach Kaffee
kaka -n, kakor	Kuchen
kalvbiff -en -ar	Beefsteak aus Kalbfleisch
kamera -n, kameror	Kamera
kamma -r -de **sig**	sich kämmen
Kan jag få ... ?	Kann ich ... bekommen?
kanal -en -er	Kanal
kanelbulle -n, -bullar	Zimtschnecke
karamell -en -er	Bonbon
karta -n, kartor	Karte
kartong -en -er	Karton
kassa -n, kassor	Kasse
kasse -n, kassar	Tragetasche
kassler -n	Kassler
kast -et –	Wurf
katt -en -er	Katze
kaviar -en	Fischrogen
kedja -n, kedjor	Kette
ketchup -en	Ketchup
kex -et –	Keks

kille -n -ar	Junge, junger Mann
kilo -t – (-n)	Kilo
kilometer -n, -metrar	Kilometer
kind -en -er	Wange
kiosk -en -er	Kiosk
kjol -en -ar	Rock
klapp -en -ar	Klaps
klar, klart, klara	klar
klick -en -ar	Klacks
klipp/a -er -te	schneiden
klocka -n, klockor	Uhr
klockspel -et –	Glockenspiel
kloster, klostret, –	Kloster
klubba -n, klubbor	Schläger
klä -r, klädde	schmücken
klä -r, klädde **av sig**	sich ausziehen
klä -r, klädde **på sig**	sich anziehen
klä -r, klädde **ut sig**	sich verkleiden
klädbutik -en -er	Bekleidungsgeschäft
kläder	Kleidung
klänning -en -ar	Kleid
kniv -en -ar	Messer
knopp -en -ar	Knospe
knä -et -n	Knie
knäckebröd -et –	Knäckebrot
ko -n -r	Kuh
kod -en -er	Geheimzahl
kokt	gekocht
komm/a -er, kom	kommen
kommun -en -er	territoriale Verwaltungseinheit
konditori -et -er	Konditorei
konduktör -en -er	Schaffner
konfirmation -en -er	Konfirmation
konjak -en	Cognac
konsert -en -er	Konzert
konst -en -er	Kunst
konung -en -ar	König
kopp -en -ar	Tasse
korsning -en -ar	Kreuzung
kort, kort, korta	kurz
kort -et –	Karte
kortsvar -et –	Kurzantwort
korv -en -ar	Wurst
kosta -r -de	kosten
kraftig, kraftigt, kraftiga	kräftig
kram -en -ar	Umarmung
kring	um ... herum
Kristi himmelsfärdsdag -en -ar	Christi Himmelfahrt
krona -n, kronor	Krone
krydda -n, kryddor	Gewürz
kryddgrönt	grüne Kräuter
kräfta -n, kräftor	Krebs
kudde -n -ar	Kissen
kul, kul, kul	lustig, nett, schön
kula -n, kulor	Kugel
kultur -en -er	Kultur
kulturprogram -met –	Kultursendung
kundvagn -en -ar	Einkaufswagen
kung -en -ar	König
kunna, kan, kunde	können
kupong -en -er	Coupon
kurs -en -er	Kurs
kursdeltagare -n –	Kursteilnehmer
kuvert -et –	Briefumschlag
kvar	übrig
kvart -en -er	Viertelstunde (viertel)
kvinna -n, kvinnor	Frau
kväll -en -ar	Abend
kyckling -en -ar	Hähnchen
kylskåp -et –	Kühlschrank
kyrka -n, kyrkor	Kirche
kyrkbåtsrodd -en -ar	Kirchbootruderfahrt
kyrkogård -en -ar	Friedhof
kål -en	Kohl
känn/a -er, kände	kennen
Kära ...	Liebe/Lieber...
kärlekens fest	Fest der Liebe
kärnkraftsfråga -n, -frågor	Kernkraftfrage
kärra -n, kärror	Karre
kö -n -er	Schlange
köp/a -er -te	kaufen
köra, kör, körde	fahren
köra, kör, körde **upp**	Fahrprüfung ablegen
körkort -et –	Führerschein
körsbär -et –	Kirsche
kött -et	Fleisch
köttbulle -n, köttbullar	Fleischklößchen
köttfärs -en -er	Hackfleisch

L

lag -et –	Mannschaft
laga -r -de **mat**	Essen kochen
lakan -et –	Laken
lammkött -et	Lammfleisch
land -et, länder	Land
laptop -pen -par	Laptop
lax -en -ar	Lachs
ledig, ledigt, lediga	frei (von der Arbeit)
ledighet -en -er	freie Tage
legitimation -en -er	Ausweis
lekrum -met –	Spielraum
lektion -en -er	Unterrichtsstunde
lev/a -er -de	leben
lever -n, levrar	Leber
leverkorv -en -ar	Leberwurst
leverpastej -en -er	Leberpastete
ligg/a -er, låg	liegen
lilla	klein
limpa -n, limpor	Laib
lingon -et –	Preiselbeere
linje -n -r	Linie
lite	ein wenig
liten, litet, små	klein
liter -n – (litrar)	Liter
livsmedel, livsmedlet	Lebensmittel
ljus -et –	Licht
luciadag -en -ar	Tag der Lucia-Feier
lunch -en -er	Mittagessen ca. 12 Uhr
lust -en	Lust
Lycka till!	Viel Erfolg!
lycklig, lyckligt, lyckliga	glücklich
lyssna -r -de	zuhören
lång, långt, långa	lang, weit
långfredag -en -ar	Karfreitag
långsammare	langsamer
långsam, långsamt, långsamma	langsam
låt/a -er, lät	klingen, lassen
läge -t -n	Lage
lägenhet -en -er	Wohnung
lägg/a -er, la(de)	legen
lägg/a -er, la(de) **på**	(dar)auflegen
lämna -r -de **tillbaka**	zurückgeben
länge	lange
längesedan	lange her
längta -r -de	sehnen
lära, lär, lärde **sig**	lernen
lärare -n –	Lehrer
lärobok -en, -böcker	Lehrbuch
läs/a -er -te	lesen
läs/a -er -te **in**	pauken, nachholen
läs/a -er -te **läxor**	Hausaufgaben machen
läsk -en	Limonade
lättöl -et –	Bier mit ca. 2 % Alkohol
läxa -n, läxor	Hausaufgabe
läxförhör -et –	Abfragen der Hausaufgaben, kleiner Test
lök -en -ar	Zwiebel
lördag -en -ar	Samstag
lösgodis -et	lose Süßigkeiten

M

m.m. (med mera)	u. v. m. (und vieles mehr)
macka -n, mackor	Butterbrot
maj	Mai
majbål -et –	Maifeuer

man -nen, män	Mann
manuell, manuellt, manuella	manuell
margarin -et -er	Margarine
mars	März
marsipan -en	Marzipan
massa -n, massor	Menge
mat -en	Essen
mataffär -en -er	Lebensmittelgeschäft
matbutik -en -er	Lebensmittelgeschäft
matematik -en	Mathematk
matolja -n, matoljor	Speiseöl
matsedel -n, matsedlar	Speisekarte
matsked -en -ar	Esslöffel
matteprov -et –	Mathearbeit
med	mit
med detsamma	gleich, sofort
medeltid -en -er	Mittelalter
medicin -en -er	Medizin
medvurst -en -ar	Mettwurst
mejladress -en -er	E-Mail-Adresse
mellan	zwischen
mellan ... och ...	zwischen ... und
melodifestival -en -er	Schlagerfestival
men	aber
mer	mehr
mera	mehr
mest	am meisten
middag -en -ar	Dinner
midnattssol -en	Mitternachtssonne
midsommar -en, -somrar	Mittsommer
midsommarafton -en, -aftnar	Tag des Mittsommerfestes
midsommardag -en -ar	Tag nach dem Mittsommerfest
mig	mir, mich
mil -en – (10 kilometer)	(schwedische) Meile
min, mitt, mina	mein/e
mineralvatten, mineralvattnet, –	Mineralwasser
minibuss -en -ar	Minibus
minut -en -er	Minute
mitt på	mitten auf, am
mittemot	gegenüber
mjöl -et	Mehl
mjölk -en	Milch
mobil(telefon) -en -er	Mobiltelefon
mobilnummer, mobilnumret, –	Mobiltelefonnummer
moms -en	Mehrwertsteuer
mor, modern, mödrar	Mutter
morfar, morfadern, -fäder	Großvater
mormor, mormodern, -mödrar	Großmutter
morot -en, morötter	Mohrrübe
mos -et (av potatis)	Kartoffelmus
motion -en	Bewegung
motorcykel -n, -cyklar (mc)	Motorrad
mugg -en -ar	Becher
mun -nen, munnar	Mund
mus -en, möss	Maus
museum, museet, museer	Museum
musik -en	Musik
musikaffär -en -er	Musikgeschäft
mycket	viel
myndig, myndigt, myndiga	volljährig
mynt -et –	Münze
må	möge
må -r, mådde	sich fühlen
måndag -en -ar	Montag
många	viele
måste	müssen
mässa -n, mässor	Messe
mätt, mätt, mätta	satt
mör, mört, möra	zart
möte -t -n	Treffen, Sitzung

N

namn -et –	Name
natt -en, nätter	Nacht
nattduksbord -et –	Nachttisch
natur -en -er	Natur
naturligtvis	natürlich
naturreservat -et –	Naturreservat
necessär -en -er	Kulturbeutel
nej	nein
Nej men oj!	Oh! Ach!
ni	ihr
Ni	Sie
njut/a -er, njöt **av ngt**	etwas genießen
nobeldag -en -ar	Tag der Nobelpreisverleihung
nobelpristagare -n –	Nobelpreisträger
nog	wohl
Norge	Norwegen
norska -n	Norwegisch
nota -n, notor	Rechnung (im Restaurant)
november	November
nu	jetzt, nun
nubbe -n, nubbar	Schnaps
nummerlapp -en -ar	Zettel mit Nummer
nyckel -n, nycklar	Schlüssel
nyhetsprogram -met –	Nachrichtensendung
nyårsafton -en, -aftnar	Silvester
nyårsdag -en -ar	Neujahr
nå -r, nådde	erreichen
någon timme eller två	ein oder zwei Stunden
någon, något, några	ein/er/e/en, jemand
Något annat?	Noch etwas?
Nähä!	(ugs.) Ne!
När ... ?	Wann ... ?
nära	nahe
närmaste	der/die/das nächste
näsa -n, näsor	Nase
nästa	nächste/r/s
nästan	beinahe
nödvändig, nödvändigt, nödvändiga	notwendig
nöjd, nöjt, nöjda	zufrieden

O

och	und
Och själv då?	Und selbst?
och så	und dann
också	auch
ogift	unverheiratet
Oj då!	Nanu!
ok	in Ordnung, OK
oktober	Oktober
olik, olikt, olika	verschiedene
olja -n, oljor	öl
om en halvtimme	in einer halben Stunde
om en stund	bald, gleich
om hörnet	um die Ecke
omkring	umher, herum
onsdag -en -ar	Mittwoch
optiker -n –	Optiker
ord -et –	Wort
ordbok -en, -böcker	Wörterbuch
organisera -r -de	organisieren
orka -r -de	schaffen
ost -en -ar	Käse
ostron -et –	Auster
ostsmörgås -en -ar	Käsebrot
oxfilé -n -er	Rinderfilet

P

packa -r -de	packen
paket -et –	Paket
pannbiff -en -ar	Frikadelle

pannkaka -n, pannkakor	Pfannkuchen
pappaledig, -ledigt, -lediga	Vaterschaftsurlaub haben
papper, pappret –	Blatt Papier
papperskasse -n, papperskassar	Tragetasche aus Papier
paprika -n, paprikor	Paprika
paradgata -n, -gator	Flaniermeile
paraply -et -n (-er)	Regenschirm
parfym -en -er	Parfüm
park -en -er	Park
parkera -r -de	parken
parkeringsplats -en -er	Parkplatz
partiledare -n –	Parteivorsitzender
pass -et –	Pass
passa -r -de	passen
pasta -n, pastor	Nudeln
pengar (Plural)	Geld
penna -n, pennor	Stift
pension -en -er	Rente, Pension
peppar -n	Pfeffer
pepparströare -n –	Pfefferstreuer
per	pro
perfekt, perfekt, perfekta	perfekt
personalrum -met –	Personalraum
personlig, personligt, personliga	persönlich
pianolektion -en -er	Klavierstunde
pigg, piggt, pigga	munter
pingstafton -en, -aftnar	Pfingstsamstag
pingstdag -en -ar	Pfingstsonntag
pizza -n, pizzor	Pizza
plocka -r -de	pflücken
plugga -r -de	pauken
plätt -en -ar	kleiner Pfannkuchen
pojke -n, pojkar	Junge
pommes frites	Pommes frites
pool -en -er	Swimmingpool
portion -en -er	Portion
post -en	Post
posta -r -de	(Brief, Paket) abschicken
postlåda -n, -lådor	Postkasten
postnummer, -numret, –	Postleitzahl
potatis -en -ar	Kartoffeln
potatismos -et	Kartoffelpüree
prata -r -de	sprechen
precis	gerade, genau
present -en -er	Geschenk
prinskorv -en -ar	Coktailwürstchen
pris -et -	Preis
problem -et –	Problem
procent -en –	Prozent
producera -r -de	produzieren
produkt -en -er	Produkt
program -met –	Sendung, Programm
promenad -en -er	Spaziergang
proppmätt	voll (satt)
prov -et –	Prüfung, Klassenarbeit
punschboll -en -ar	Arrakkugel
pyttipanna -n	Gericht aus kleinen Kartoffelwürfeln mit Schinken oder Wurst
på	auf, bei, in
på höger sida	auf der rechten Seite
på landet	auf dem Lande
på vänster sida	auf der linken Seite
påse -n, påsar	Tüte
påsk -en -ar	Ostern
påskafton -en, -aftnar	Ostersamstag
påskbord -et –	Osterbüfett
påskdag -en -ar	Ostersonntag
påskägg -et –	Osterei
påtår -en	eine zweite Tasse
päron -et –	Birne

R

rabatt -en -er	Rabatt
rad -en -er	Zeile
radhus -et –	Reihenhaus
radio -n, radioapparater	Radio
raka -r -de **sig**	sich rasieren
rakt fram	geradeaus
recept -et –	Rezept
receptionist -en -er	Mitarbeiter/in am Empfang
redan	schon
regering -en -ar	Regierung
region -en -er	Region
regn -et –	Regen
rekommendera -r -de	empfehlen
religionsfrihet -en -er	Religionsfreiheit
remouladsås -en -er	Remouladensoße
renstek -en -ar	Rentier-Steak
renässans -en -er	Renaissance
res/a -er -te	reisen, aufstellen
resa -n, resor	Reise
resebyrå -n -er	Reisebüro
reservera -r -de	reservieren
resning -en -ar	Aufrichten
rest -en -er	Rest
restaurang -en -er	Restaurant
resväska -n, resväskor	Koffer
rik, rikt, rika	reich
riktnummer, -numret, –	Vorwahl
ring/a -er -de	anrufen, klingeln
ris -et	Reis
ro -r, rodde	rudern
rolig, roligt, roliga	lustig
rollspel -et –	Rollenspiel
rum -met –	Zimmer
rumpstek -en -ar	Rumpsteak
rumspris -et –	Zimmerpreis
runda -n, rundor	Runde
runt	rund, um ... herum
rusa -r -de	rasen
russin -et –	Rosine
ruta -n, rutor	Feld
rådhus -et –	Rathaus
råtta -n, råttor	Ratte
räck/a -er -te	reichen
räka -n, räkor	Krabbe
räksmörgås -en -ar	Krabbenbrot
rätt, rätt, rätta	richtig
rätt -en -er	Recht
röd, rött, röda	rot
rödbeta -n, rödbetor	Rote Bete
rök/a -er -te	rauchen
rökfri, rökfritt, rökfria	rauchfrei
rökt	geräuchert

S

saffran -et (-en)	Saffran
sak -en -er	Sache
sakta	vorsichtig
salami -n	Salami
sallad -en -er	Salat
salladshuvud -et –	Salatkopf
salmbär -et –	Kratzbeere, eine Art Brombeere, die auf Gotland wächst
salt -et -er	Salz
saltströare -n –	Salzstreuer
sambo -n -r	Lebenspartner, die zusammen wohnen
samhällskunskap	Gesellschaftskunde
samhällsprogram -met –	entspricht Oberstufenzweig Gesellschaft/ Politik/Erdkunde
samlas, samlas, samlades	sich versammeln
samtal -et –	Gespräch
samtliga	sämtliche (Plural)

schalottenlök -en -ar	Schalotte
schnitzel -n, schnitzlar	Schnitzel
se -r, såg	sehen
se -r, såg **ut**	aussehen
sedan	dann, danach
sedel -n, sedlar	Schein
segelbåt -en -ar	Segelboot
semester -n, semestrar	Urlaub
semesterplanering -en -ar	Urlaubsplanung
senap -en	Senf
september	September
servera -r -de	servieren
serveras, serveras, serverades	es wird serviert
servett -en -er	Serviette
service -n	Service
servitris -en -er	Kellnerin
sevärdhet -en -er	Sehenswürdigkeit
shoppa -r -de	shoppen
sida -n, sidor	Seite
sill -en -ar	Hering
sitt/a -er, satt	sitzen
sjukhus -et –	Krankenhaus
själv, självt, själva	selbst
självservering -en -ar	Selbstbedienung
skaft -et –	Stiel
skala -r -de	schälen
skatt -en -er	Schatz
sked -en -ar	Löffel
skepp -et –	Schiff
skild	geschieden
skinka -n, skinkor	Schinken
skjorta -n, skjortor	Hemd
skjutsa -r -de	jmdn. fahren
sko -n -r	Schuh
skoaffär -en -er	Schuhgeschäft
skola -n, skolor	Schule
skola, ska, skulle	sollen, wollen
skolresa -n, -resor	Schulreise
skriv/a -er, skrev	schreiben
skriv/a -er, skrev **upp**	aufschreiben
skrivbord -et –	Schreibtisch
skulptur -en -er	Skulptur
skur -en -ar	Schauer
sky -n -ar	Himmel
skynda -r -de **sig**	sich beeilen
Skål!	Zum Wohl!
skåla -r -de	anstoßen
skära, skär, skar	schneiden
skärtorsdag -en -ar	Gründonnerstag
skön, skönt, sköna	schön
slut -et –	Schluss, leer
sluta -r -de	aufhören, enden
slå -r, slog	werfen
släkt -en -er	Verwandtschaft
släktträff -en -ar	Verwandtschaftstreffen
smaka -r -de	schmecken
Smaklig måltid!	Guten Appetit!
smalspårig, smalspårigt, smalspåriga	schmalspurig
smula -n, smulor	Krümel
smör -et	Butter
smörgås -en -ar	belegtes Brot
smörj/a -er, smorde	fetten
snabbast	am schnellsten
snaps -en -ar	Schnaps
snäll, snällt, snälla	lieb
socialdemokratisk, -demokratiskt, -demokratiska	sozialdemokratisch
socker, sockret	Zucker
sockerkaka -n, -kakor	Topfkuchen
sol -en -ar	Sonne
solsymbol -en -er	Sonnensymbol
som	hier: der/die/das
som vanligt	wie immer
sommar -n, somrar	Sommer
sommarstuga -n, -stugor	Sommerhaus
somna -r -de	einschlafen
son -en, söner	Sohn
soppa -n, soppor	Suppe
sorters	Sorten
sov/a -er, sov	schlafen
spagetti -n	Spaghetti
Spanien	Spanien
spannmålsprodukt -en -er	Getreideerzeugnisse
spanska -n	Spanisch
sparris -en -ar	Spargel
speciell, speciellt, speciella	besonderes
spegla -r -de **sig**	sich spiegeln
spel -et –	Spiel
spela -r -de	spielen
spelare -n –	Spieler
spelas	wird gespielt
spelman -nen, spelmän	Spielmann
sport -en -er	Sport, Sportart
sportaffär -en -er	Sportladen
sportkläder	Sportbekleidung
språk -et –	Sprache
språkkunskap -en -er	Sprachkenntnisse
spårvagn -en -ar	Straßenbahn
stad -en, städer	Stadt
stan (staden)	die Stadt
(järnvägs)**station** -en -er	Bahnhof
statsminister -n, -ministrar	Staatsminister
stek/a -er -te	braten
stekt	gebraten
stick/a -er, stack	(ugs.) gehen, abhauen
stig/a -er, steg **upp**	aufstehen
stjälk -en -ar	Stiel
stjärna -n, stjärnor	Stern
stjärngosse -n, -gossar	Sternenjunge
stolt, stolt, stolta	stolz
stor, stort, stora	groß
Storbritannien	Großbritannien
stormarknad -en -er	Supermarkt
storstad -en, -städer	Großstadt
storviltjagarsås -en -er	Großwildjägersoße
strand -en, stränder	Strand
strax	gleich
strimla -n, strimlor	Streifen
strömming -en -ar	Ostseehering
stuga -n, stugor	Häuschen, Ferienhaus
stund -en -er	Weile
stå -r, stod	stehen
stå -r, stod **över**	aussetzen
stång -en, stänger	Stange
städa -r -de	aufräumen, sauber machen
största	größte/r/s
suddgummi -t -n	Radiergummi
svamp -en -ar	Pilz
svar -et –	Antwort
svara -r -de	antworten
svart, svart, svarta	schwarz
svenska -n	Schwedisch
svenskkurs -en -er	Schwedischkurs
Sverige	Schweden
Sveriges nationaldag -en -ar	Schwedens Nationalfeiertag
svår, svårt, svåra	schwierig, schwer
sväng/a -er -de	abbiegen
sy -r, sydde	nähen
sylt -en -er	Konfitüre
Systembolaget	staatliches Geschäft für alkoholische Getränke
så	so
så där	geht so
sås -en -er	Soße
säg/a -er, sa(de)	sagen
säg/a -er, sa(de) **efter**	nachsprechen
säker, säkert, säkra	sicher, sicherlich

sälj/a -er, sålde	verkaufen
säljare -n –	Verkaufsmitarbeiter
säng -en -ar	Bett
sätt/a -er, satte **sig**	sich setzen
söder -n	Süden
söndag -en -ar	Sonntag
sötsak -en -er	Süßware

T

ta -r, tog	nehmen
ta -r, tog **av sig**	sich ausziehen
ta -r, tog **emot**	annehmen
ta -r, tog **fram**	herausholen
ta -r, tog **in**	einkehren
ta -r, tog **på sig**	sich anziehen
ta -r, tog **ut**	abheben
tack	danke
Tack detsamma!	Danke, gleichfalls!
Tack för det!	Vielen Dank dafür!
Tack för maten!	Vielen Dank für das Essen!
Tack så mycket!	Vielen Dank!
Tack, bara bra.	Danke, sehr gut.
tala -r -de	sprechen
tallrik -en -ar	Teller
tandborste -n, -borstar	Zahnbürste
tandkräm -en -er	Zahnpasta
tandläkare -n –	Zahnarzt
tanka -r -de	tanken
tavla -n, tavlor	Tafel
taxi -n, taxibilar	Taxi
te -et -er	Tee
teater -n, teatrar	Theater
telefon -en, -er	Telefon
telefonkatalog -en -er	Telefonkatalog
telefonnummer, -numret, –	Telefonnummer
telefonsamtal -et –	Telefongespräch
testa -r -de	testen
text -en -er	Text
tid -en -er	Zeit
tidning -en -ar	Zeitung
tidsuttryck -et –	Zeitausdruck
tidtabell -en -er	Fahrplan
till	nach, zu
till det	dazu
till fots	zu Fuß
till höger	(nach) rechts
till höger om	rechts von
till vänster	(nach) links
till vänster om	links von
tillbaka	zurück
tillsammans	zusammen
tillsätt/a -er, tillsatte	hinzufügen
tillträd/a -er, tillträdde	antreten
tillåten	erlaubt
timme -n, timmar	Stunde
tiokrona -n, -kronor (en tia)	Zehnkronenmünze
tisdag -en -ar	Dienstag
titta -r -de **på**	angucken
titta -r -de **på**	zuschauen
tjata -r -de	nörgeln
tjej -en -er	Mädchen, junge Frau
Tjena!	Hallo!
tjugokronorssedel -n, -sedlar (en tjuga)	Zwanzigkronenschein
toalett -en -er	Toilette
toalettpapper, -pappret, –	Toilettenpapier
tomat -en -er	Tomate
tomte -n, tomtar	Weihnachtsmann
Toppen!	Spitze!, Super!
torg -et –	Marktplatz
torka -r -de **sig**	sich abtrocknen
tornerspel -et –	Turnierspiel
torsdag -en -ar	Donnerstag
torskfilé -n -er	Dorschfilet
trafik -en	Verkehr
trafikassistent -en -er	Mitarbeiter/in in der Abfertigung
trafikljus -et –	Ampel
trerumslägenhet -en -er	Dreizimmerwohnung
trettondag -en -ar	Heiligedreikönigstag
trettondagsafton -en, -aftnar	Tag vor dem Heiligedreikönigstag
trevlig, trevligt, trevliga	nett, schön
Trevlig helg!	Schönes Wochenende!
Trevlig semester!	Schönen Urlaub!
Trevlig/Glad midsommar!	Schönes Mittsommerfest!
Trevligt att träffas!	Nett, Sie/dich/euch kennenzulernen!
tro -r, trodde	glauben
tryck/a -er -te	drücken
tryffel -n, tryfflar	Trüffel
trådlös, trådlöst, trådlösa	kabellos
träff -en -ar	Treffen
träffa -r -de	treffen
träna -r -de	trainieren
träsko -n -r	Holzschuh
trött, trött, trötta	müde
tub -en -er	Tube
tunnelbana -n, banor	U-Bahn
turistbyrå -n -er	Fremdenverkehrsbüro
tv, tv:n, tv-apparater	Fernsehen
två	zwei
tvål -en -ar	Seife
tvätta -r -de	waschen
tvätta -r -de **sig**	sich waschen
tvättmedel, tvättmedlet, –	Waschmittel
tyck/a -er -te	meinen
tyck/a -er -te **om**	mögen
tydligare	deutlicher
typ -en -er	Typ
tyska -n	Deutsch
Tyskland	Deutschland
tysta -r -de	stillen
tyvärr	leider
tå -n -r	Zeh
tåg -et –	Zug
tårta -n, tårtor	Torte
täcke -t -n	Decke
tälta -r -de	zelten
tänd/a -er, tände	anzünden
tänk/a -er -te	denken
tärning -en -ar	Würfel
törstig, törstigt, törstiga	durstig

U

ugn -en -ar	Ofen
ugnstemperatur -en -er	Ofentemperatur
under	unter
underbar, underbart, underbara	wunderbar
undersköterska -n, undersköterskor	Krankenschwester, Krankenpfleger
undra -r -de	wissen mögen, sich fragen
ungefär	ungefähr
upp till	bis zu
uppehållsrum -met –	Aufenthaltsraum
upplev/a -er -de	erleben
Ursäkta!	Verzeihen Sie!, Verzeih!, Verzeiht!
utanför	außerhalb
utbilda -r -de **sig**	sich ausbilden
ute	draußen
utflykt -en -er	Ausflug
utgift -en -er	Ausgabe
utgång -en -ar	Ausgang

utlänning -en -ar	Ausländer
Utmärkt!	Ausgezeichnet!
utsikt -en -er	Aussicht
uttala -r -de	aussprechen

V

Vad ... ?	Wie ... ?
Vad kul!	Wie lustig/nett/schön!
Vad är klockan?	Wie spät ist es?
vakna -r -de	aufwachen
valborgsmässoafton -en, -aftnar	Tag der Walpurgisnacht
valfri, valfritt, valfria	wahlfrei
vandra -r -de	wandern
vandrarhem -met –	Jugendherberge
vanili -n	Vanille
vanlig, vanligt, vanliga	gewöhnlich
Var ... ?	Wo ... ?
Var det bra så?	Ist das alles?
var snäll och ...	sei so lieb und ..., bitte
vara, är, var	sein
vara, är, var **hungrig**	hungrig sein, Hunger haben
vara, är, var **kaffesugen**	Kaffeedurst haben
vara, är, var **törstig**	durstig sein, Durst haben
varandra	einander
vardag -en -ar	Alltag
Varifrån ... ?	Woher ... ?
varje	jeden
varm, varmt, varma	warm
varmkorv -en -ar	heiße Wurst
varmrätt -en -er	Hauptgericht
Varsågod! Varsågoda!	Bitte!
Vart ska du?	Wohin willst du?
varuhus -et –	Kaufhaus
varva -r -de	schichten
vatten, vattnet	Wasser
vecka -n, veckor	Woche
veckotidning -en -ar	Wochenzeitung
Vem ... ?	Wer ... ?
Vena nästa!	Nächste Haltestelle ist Vena!
verkligen	wirklich
version -en -er	Version
veta, vet, visste	wissen
vi	wir
Vi syns!	Wir sehen uns!
vid	an, am
videorum -met -	Videoraum
vilja, vill, ville	wollen
vilken, vilket, vilka	welcher, welche, welches
villa -n, villor	Einfamilienhaus
vin -et -er	Wein
vindruva -n, vindruvor	Weintraube
vinn/a -er, vann	gewinnen
vinnare -n –	Gewinner
vinter -n, vintrar	Winter
vinäger -n, vinägrar	Essig
visa -n, visor	Lied
visa -r -de	zeigen
vispgrädde -n	Schlagsahne
vit, vitt, vita	weiß
vitlök -en -ar	Knoblauch
vykort -et –	Postkarte
vår -en -ar	Frühling
väckarklocka -n, -klockor	Wecker
väder, vädret, –	Wetter
väg/a -er -de **upp**	abwiegen
väl	wohl
välj/a -er, valde	hier: aussuchen
välkommen	willkommen
vän -nen, vänner	Freund
vänta -r -de	warten
väska -n, väskor	Tasche
växande	wachsend
växla -r -de	wechseln

W

wc	WC
wienerbröd -et –	Kopenhagener
wienerkorv -en -ar	Wiener Würstchen

Å

å -n -ar	kleiner Fluss
åk/a -er -te	fahren
ålder -n, åldrar	Alter
år -et –	Jahr
årskurs -en -er	Jahrgang
årtal -et –	Jahreszahl
åsikt -en -er	Ansicht

Ä

ägg -et –	Ei
äkta, äkta, äkta	echt
älg -en -ar	Elch
änka -n, änkor	Witwe
änkling -en -ar	Witwer
äppeljuice -n -r	Apfelsaft
äpple -t -n	Apfel
är du snäll	sei so lieb, bitte
ärta -n, ärter (ärtor)	Erbse
ät/a -er, åt	essen
ät/a -er, åt **upp**	aufessen

Ö

ö -n -ar	Insel
öga -t, ögon	Auge
ögonblick -et –	Augenblick
öl -et	Bier
öppen, öppet, öppna	offen
öppet	geöffnet
öppettid -en -er	Öffnungszeit
öppna -r -de	öffnen
öra -t, öron	Ohr
över	über
övning -en -ar	Übung
övningsbok -en, böcker	Übungsbuch

Wörterverzeichnis Deutsch - Schwedisch

Angabe des Substantivs: Grundform, bestimmte Form Singular, unbestimmte Form Plural
Ein Strich (–) bedeutet, dass die Pluralform mit der Grundform identisch ist.
Angabe des Verbs: Infinitiv, Präsens, Präteritum
Angabe des Adjektivs: Grundform, t-Form, Plural

Abkürzungen: ugs. umgangssprachlich

A

abbiegen	sväng/a -er -de
Abend	afton -en, aftnar
Abend	kväll -en -ar
aber	men
Abfragen der Hausaufgaben	läxförhör -et –
abhauen	stick/a -er, stack (ugs.)
abheben	ta -r, tog ut
abschicken (Brief, Paket)	posta -r -de
Absender	avsändare -n –
abwaschen	diska -r -de
abwiegen	väg/a -er -de upp
ach so	1. jaha 2. jaså
Adresse	adress -en -er
Aktivität	aktivitet -en -er
alkoholhaltige	alkoholhaltiga -haltigt, -haltiga
alle zusammen	allihop
alleinstehend	ensamstående
Allergikerzimmer	allergirum -met –
Allerheiligen	allhelgonahelgen
alles	allt
Alltag	vardag -en -ar
alt	gammal, gammalt, gamla
Alter	ålder -n, åldrar
am besten	bäst
am meisten	mest
am schnellsten	snabbast
Ampel	trafikljus -et –
an, am	vid
anders	annorlunda
anfangen	börja -r -de
angeln	fiska -r -de
Angelplatz	fiskeplats -en -er
angucken	titta -r -de på
ankommen	framme
annehmen	ta -r, tog emot
anrufen, klingeln	ring/a -er -de
Anschovis	ansjovis -en -ar
Ansicht	åsikt -en -er
anstoßen	skåla -r -de
antreten	tillträd/a -er, tillträdde
Antwort	svar -et –
antworten	svara -r -de
anzünden	tänd/a -er, tände
Apfel	äpple -t -n
Apfelsaft	äppeljuice -n -r
Apfelsine	apelsin -en -er
Apotheke	apotek -et –
Aprikose	aprikos -en -er
April	april
arbeiten	1. arbeta -r -de 2. jobba -r -de
Armenien	Armenien
Arrakkugel	punschboll -en -ar
Aschenbecher	askkopp -en -ar
auch	också
auch nicht	inte heller
auf dem Lande	på landet
auf der linken Seite	på vänster sida
auf der rechten Seite	på höger sida
Auf Wiedersehen!	Adjö!
auf	på
Aufenthaltsraum	uppehållsrum -met –
aufessen	ät/a -er, åt upp
aufhören	sluta -r -de
auflegen	lägg/a -er, la(de) på
Aufnahmeformular	inskrivningsblankett -en -er
aufräumen	städa -r -de
Aufrichten	resning -en -ar
aufschreiben	skriv/a -er, skrev upp
aufstehen	stig/a -er, steg upp
aufwachen	vakna -r -de
Auge	öga -t, ögon
Augenblick	ögonblick -et –
August	augusti
Ausflug	utflykt -en -er
ausfüllen	fyll/a -er -de i
Ausgabe	utgift -en -er
Ausgang	utgång -en -ar
ausgehen	gå -r, gick ut
Ausgezeichnet!	Utmärkt!
Ausländer	utlänning -en -ar
aussehen	se -r, såg ut
außerhalb	utanför
aussetzen	stå -r, stod över
Aussicht	utsikt -en -er
aussprechen	uttala -r -de
aussteigen	gå -r, gick av
aussuchen	välj/a -er, valde
Auster	ostron -et –
Ausweis	legitimation -en -er
Auto	bil -en -ar

B

Bacon	bacon -en (-et)
Bad	bad -et –
baden	bada -r -de
Badestelle	badplats -en -er
Badezimmer	badrum -met –
Baguette	baguette -n -r
Bahn	bana -n, banor
Bahnhof	(järnvägs)station -en -er
bald, gleich	om en stund
Ballon	ballong -en -er
Banane	banan -en -er
Bank	bank -en -er
Bar	bar -en -er
Batterie	batteri -et -er
Becher	mugg -en -ar
bedeuten	betyd/a -er, betydde
Beefsteak aus Kalbfleisch	kalvbiff -en -ar
Behindertenzimmer	handikapprum -met –
bei	1. på 2. hos
beinahe	nästan
Bekleidungsgeschäft	klädbutik -en -er
bekommen	få -r, fick

belegtes Brot	smörgås -en -ar
besonderes	speciell, speciellt, speciella
bestehen	bestå -r, bestod
bestellen	beställ/a -er -de
Besuch	besök -et –
besuchen	1. besök/a -er -te 2. hälsa -r -de på
Bett	säng -en -ar
bevor	förrän
Bewegung	motion -en
bezahlen	betala -r -de
Bibliothek	bibliotek -et –
Bier	öl -et
Bier mit ca. 2 % Alkohol	lättöl -et –
Bild	bild -en -er
Birne	päron -et –
Bis nachher!	Hej så länge!
bis zu	upp till
Bitte!	Varsågod! Varsågoda!
bitte	1. är du snäll 2. var snäll och ...
Blatt Papier	papper, pappret –
Blattspinat	bladspenat -en
Blume	blomma -n, blommor
Blumenladen	blomsteraffär -en -er
Bolivien	Bolivia
Bonbon	karamell -en -er
Boot	båt -en -ar
Bootsliebhaber	båtfolk -et –
Bordkarte	boardingkort -et –
braten	stek/a -er -te
brauchen	behöv/a -er -de
Brief	brev -et –
Briefkasten	brevlåda -n, -lådor
Briefmarke	frimärke -t -n
Briefpapier	brevpapper, -pappret, –
Briefumschlag	kuvert -et –
Broschüre	broschyr -en -er
Brot	bröd -et –
Brötchen	fralla -n, frallor
Brust	bröst -et –
Buch	bok -en, böcker
buchen	boka -r -de
Buchladen	bokhandel -n, -handlar
Bus	buss -en -ar
Bushaltestelle	busshållplats -en -er
Butter	smör -et
Butterbrot	macka -n, mackor
Butterkäse	gräddost -en -ar

C

Café	kafé -et -er
Campingplatz	campingplats -en -er
Cape	cape -n -r
CD-Spieler	cd-spelare -n –
Champignon	champinjon -en -er
Chef	chef -en -er
Chips	chips -et
Christi Himmelfahrt	Kristi himmelsfärdsdag -en -ar
Cognac	konjak -en
Coktailwürstchen	prinskorv -en -ar
Cola	cola -n, color
Computerfirma	IT-företag -et –
Cornflakes	cornflakes
Coupon	kupong -en -er
Cup	cup -en -er

D

da	då
da hinten	där borta
danach	1. efter det 2. sedan
Dänemark	Danmark
Dänisch	danska -n
danke	tack
Danke, gleichfalls!	Tack detsamma!
Danke, sehr gut.	Tack, bara bra.
dann	1. sedan 2. då
darauflegen	lägg/a -er, la(de) på
Darf ich fragen ... ?	Får jag fråga ... ?
Darf ich um ... bitten?	Får jag be om ... ?
Darf ich zahlen, bitte!	Får jag be om notan!
da sein	framme
Das ist genau richtig/super.	Det är väl perfekt.
Das ist (wird) gut.	Det blir bra.
Das ist ja (wohl) klar.	Den saken är klar.
Das ist verrückt!	Det är inte klokt!
Das macht ...	Det blir...
dazu	till det
Decke	täcke -t -n
demonstrieren	demonstrera -r -de
denken	tänk/a -er -te
denn	då
der/die/das	1. som 2. den, det
der/die/das dritte	den tredje
der/die/das einzige	enda
der/die/das gleiche	detsamma
der/die/das letzte	den sista
der/die/das nächste	närmaste
Dessertlöffel	dessertsked -en -ar
deutlicher	tydligare
Deutsch	tyska -n
Deutschland	Tyskland
Dezember	december
Deziliter (100 ml)	deciliter -n, -litrar (dl)
Diagramm, Grafik	diagram -met –
Dialog	dialog -en -er
Dienstag	tisdag -en -ar
dieser/diese/dieses (dort)	den/det där
dieser/diese/dieses (hier)	den/det här
Dill	dill -en
Dinner	middag -en -ar
Dom	domkyrka -n, -kyrkor
Donnerstag	torsdag -en -ar
Doppelzimmer	dubbelrum -met –
Dorf	by -n -ar
Dorschfilet	torskfilé -n -er
dort	där
dorthin	dit
Dose	burk -en -ar
draußen	ute
Dreizimmerwohnung	trerumslägenhet -en -er
drücken	tryck/a -er -te
du	du
durch	genom
durstig	törstig, törstigt, törstiga
durstig nach Kaffee	kaffesugen
durstig sein, Durst haben	vara, är, var törstig
Dusche	dusch -en -ar
duschen	duscha -r -de

E

E-Mail-Adresse	mejladress -en -er
echt	äkta, äkta, äkta
Ecke	hörn -et –
Ehefrau	fru -n -ar
Ei	ägg -et –
ein oder zwei Stunden	någon timme eller två
ein wenig	lite
Einkronenmünze	enkrona -n, -kronor (en krona)
ein/er/e/en, jemand	någon, något, några
einander	varandra
einchecken	checka -r -de in
eine zweite Tasse	påtår -en
Einfamilienhaus	villa -n, villor
einführen	införa, inför, införde
eingelegt	inlagd
einkaufen	handla -r -de

Einkaufsliste	inköpslista -n, inköpslistor
Einkaufswagen	kundvagn -en -ar
einkehren	ta -r, tog in
einladen	bjud/a -er, bjöd
einschlafen	somna -r -de
einschließen	inkludera -r -de
einweihen	invig/a -er -de
Einwohner	invånare -n –
Einzelzimmer	enkelrum -met –
Eis	glass -en -ar
Eisenbahn	järnväg -en -ar
Elch	älg -en -ar
empfehlen	rekommendera -r -de
enden	sluta -r -de
England	England
Englisch	engelska -n
er	1. han 2. den, det
Erbse	ärta -n, ärter (ärtor)
Erdbeere	jordgubbe -n, jordgubbar
Erdnuss	jordnöt -en, -nötter
Ereignis	evenemang -et –
erlaubt	tillåten
erleben	upplev/a -er -de
erreichen	nå -r, nådde
erzählen	berätta -r -de
es fehlt	fattas, fattas, fattades
es geht um	det gäller
Es gibt Eis.	Det blir glass.
es wird serviert	serveras, serveras, serverades
es	den, det
es/das reicht	det räcker
essen	ät/a -er, åt
Essen	mat -en
Essen gehen	gå -r, gick ut och ät/a -er, åt
Essen kochen	laga -r -de mat
Essig	vinäger -n, vinägrar
Esslöffel	matsked -en -ar
etwas beanstanden	anmärk/a -er -te på något
etwas genießen	njut/a -er, njöt av ngt
extra, zusätzlich	extra, extra, extra

F

Fähre	färja -n, färjor
fahren	åk/a -er -te
fahren	köra, kör, körde
Fahrplan	tidtabell -en -er
Fahrprüfung ablegen	köra, kör, körde upp
Fahrrad	cykel -n, cyklar
Fahrrad fahren	cykla -r -de
Fahrstuhl	hiss -en -ar
fallen	fall/a -er, föll
Familie	familj -en -er
Familienstand	civilstånd -et –
Februar	februari
feiern	fira -r -de
Feiertag	helg -en -er
Feige	fikon -et –
fein	fin, fint, fina
feingehackt	finhackad
Feld	ruta -n, rutor
Fenster	fönster, fönstret, –
Ferienhaus	stuga -n, stugor
Fernsehen	tv, tv:n, tv-apparater
fertig	färdig, färdigt, färdiga
Fest der Liebe	kärlekens fest
Fest, Feier	fest -en -er
Fett	fett -et -er
fetten	smörj/a -er, smorde
Filet	filé -n -er
Film	film -en -er
finden	hitta -r -de
Finnland	Finland
Finnisch	finska -n
Fisch	fisk -en -ar
Fischrogen	kaviar -en
Fitnesscenter	gym -met –
Flagge	flagga -n, flaggor
Flaniermeile	paradgata -n, -gator
Flasche	flaska -n, flaskor
Fleisch	kött -et
Fleisch- und Wursttheke	1. chark -en -er 2. charkdisk -en -ar
Fleischklößchen	köttbulle -n, köttbullar
Fleischwurst	falukorv -en -ar
fliegen	flyg/a -er, flög
Flocke	flinga -n, flingor
Flughafen	flygplats -en -er
Flugzeug	flygplan -et –
kleiner Fluss	å -n -ar
Föhn	hårtork -en -ar
Form (zum Backen)	form -en -ar
fortsetzen	fortsätt/a -er, fortsatte
Foto	foto -t -n
Fotoladen	fotoaffär -en -er
Frage	fråga -n, frågor
fragen	fråga -r -de
Frankreich	Frankrike
Französin	fransyska -n, fransyskor
Französisch	franska -n
Frau	kvinna -n, kvinnor
junge Frau	tjej -en -er
frei (von der Arbeit)	ledig, ledigt, lediga
freie Tage	ledighet -en -er
Freilichtmuseum	hembygdspark -en -er
Freitag	fredag -en -ar
Fremdenverkehrsbüro	turistbyrå -n -er
Freund	vän -nen, vänner
Friedhof	kyrkogård -en -ar
Frikadelle	pannbiff -en -ar
frisch	färsk, färskt, färska
Frohe Ostern!	Glad påsk!
Frohe Pfingsten!	Glad pingst!
Frohe Weihnachten!	God jul!
Frohes Neues Jahr!	Gott nytt år!
Frühling	vår -en -ar
Frühstück	frukost -en -ar
Frühstücksbüfett	frukostbuffé -n -er
Führerschein	körkort -et –
Fünfkronenmünze	femkrona -n, -kronor (en femma)
Fünfzigkronenschein	femtiokronorssedel -n -sedlar (en femtiolapp)
50-öre-Münze	femtioöring -en -ar
funktionieren	1. fungera -r -de 2. funka -r -de
für	för
fürchterlich	hemsk, hemskt, hemska
Fußball	fotboll -en -ar
Fußgängerzone	gågata -n, gågator

G

Gabel	gaffel -n, gafflar
ganz	hel, helt, hela
Garage	garage -t –
garnieren	garnera -r -de
Gebäck	bakelse -n -r
gebeizt	gravad
geboren	född
gebraten	stekt
Geburtstag	födelsedag -en -ar
Geburtstag haben, ... Jahre alt werden	fyll/a -er -de år
gegenüber	mittemot
gegrillt	grillad
Geheimzahl	kod -en -er
gehen	1. gå -r, gick 2. stick/a -er, stack (ugs.)
geht so	så där
gekocht	kokt
gelb	gul, gult, gula
Geld	pengar (Plural)
Geldautomat	bankomat -en -er
gemischtes Hack	blandfärs -en -er
Gemüse	grönsak -en -er
genau	precis

geöffnet	öppet
gerade	precis
geradeaus	rakt fram
geräuchert	rökt
gern mögen	gilla -r -de
gerne	gärna
Geschäftsfreund	affärsvän -nen, -vänner
Geschenk	present -en -er
Geschichte	historia, historien, historier
geschieden	skild
Gesellschaftskunde	samhällskunskap
Gespräch	samtal -et –
gestern	igår
Getränk	dryck -en -er
Getreideerzeugnisse	spannmålsprodukt -en -er
gewinnen	vinn/a -er, vann
Gewinner	vinnare -n –
gewöhnlich	vanlig, vanligt, vanliga
Gewürz	krydda -n, kryddor
es gibt	finna, finns, fanns
Gitarrenmusik	gitarrmusik -en
Glas	glas -et –
glauben	tro -r, trodde
gleich	1. strax 2. med detsamma
Glockenspiel	klockspel -et –
glücklich	lycklig, lyckligt, lyckliga
Golf	golf -en
Golfplatz	golfbana -n, -banor
Gottesdienst	gudstjänst -en -er
Grad	grad -en -er
gratis	gratis
gratulieren	gratulera -r -de
grau	grå, grått, gråa
groß	stor, stort, stora
Großbritannien	Storbritannien
Großmutter	mormor, mormodern, -mödrar
Großstadt	storstad -en, -städer
größte/r/s	största
Großvater	morfar, morfadern, -fäder
Großwildjägersoße	storviltjägarsås -en -er
gründen	grunda -r -de
Gründer	grundare -n –
Gründonnerstag	skärtorsdag -en -ar
grüne Kräuter	kryddgrönt
Gruppe	grupp -en -er
Gruß	hälsning -en -ar
grüßen	hälsa -r -de
Gurke	gurka -n, gurkor
gut	1. bra, bra, bra 2. fin, fint, fina 3. god, gott, goda

Gute Nacht!	God natt!
Guten Appetit!	Smaklig måltid!
Guten Morgen!	God morgon!
Guten Tag!	Goddag!
Gymnasium	gymnasium, gymnasiet, gymnasier
Gymnastik	gymnastik -en

H

Haar	hår -et
haben	ha -r, hade
Hackfleisch	köttfärs -en -er
Hafen	hamn -en -ar
Hähnchen	kyckling -en -ar
halb	halv, halvt, halva
halbe Stunde	halvtimme -n, -timmar
Hälfte	hälft -en -er
Hallo!	1. Hallå! 2. Hej!/Hejsan! 3. Tjena!
Haltestelle	hållplats -en -er
Hamburger	hamburgare -n –
Handtuch	handduk -en -ar
hart aufgepumpt	hårdpumpad
Hase	hare -n, harar
Hauptgericht	varmrätt -en -er
Haus	hus -et –
Hausaufgabe	läxa -n, läxor
Hausaufgaben machen	läs/a -er -te läxor
Häuschen	stuga -n, stugor
Heidelbeere	blåbär -et –
Heilbutt	hälleflundra -n, -flundror
Heiligabend	julafton -en, -aftnar
heilig	helig, heligt, heliga
Heiligedreikönigstag	trettondag -en -ar
heiraten	gift/a -er, gifte sig
heiße Wurst	varmkorv -en -ar
heißen	het/a -er, hette
Hektogramm (100 g)	hekto -t – (-n)
helfen	1. hjälp/a -er -te 2. hjälp/a -er -te till
Hemd	skjorta -n, skjortor
herausgehen	gå -r, gick ut
herausholen	ta -r, tog fram
Herbst	höst -en -ar
Hering	sill -en -ar
herrlich	härlig, härligt, härliga
herum	omkring
hervorgehen	framgå -r, framgick
Herzlichen Glückwunsch zum Geburtstag!	Grattis på födelsedagen!

heute	idag
heute Abend	ikväll
hier	här
Hilfe	hjälp -en -er
Himmel	sky -n -ar
hineingehen	gå -r, gick in
hinter	bakom
hinzufügen	tillsätt/a -er, tillsatte
hissen	hissa -r -de
hoffen	hoppas, hoppas, hoppades
holen	hämta -r -de
Holland	Holland
holländisch	holländsk, holländskt, holländska
Holländisch	holländska -n
Holzschuh	träsko -n -r
Homepage	hemsida -n, hemsidor
Honig	honung -en
Hotel	hotell -et –
Hotelzimmer	hotellrum -met –
Hund	hund -en -ar
Hundertkronenschein	hundrakronorssedel -n -sedlar (en hundralapp)
hungrig	hungrig, hungrigt, hungriga
hungrig sein, Hunger haben	vara, är, var hungrig

I

ich	jag
Ich hätte gern ...	Jag skulle vilja ha ...
ihm, ihn	honom
ihr	henne
ihr	ni
Imbißbude	gatukök -et –
immer	alltid
in	på
in der Nähe	i närheten
in der Tat	faktiskt
in einer halben Stunde	om en halvtimme
in Ordnung, OK	ok
in, vor	i
inbegriffen sein	ingå -r, ingick
Information	information -en -er
Insel	ö -n -ar
Institut	institut -et –
Internetadresse	internetadress -en -er
Internetanschluss	internetuppkoppling -en -ar
Interview	intervju -n -er
Island	Island

Ist das alles?	Var det bra så?
Italien	Italien
Italienisch	italienska -n

J

ja	ja
ja, doch	jo
Jahr	år -et –
Jahreszahl	årtal -et –
Jahrgang	årskurs -en -er
Januar	januari
jeden	varje
jeden Tag	alla dagar
jetzt, nun	nu
jmdn. fahren	skjutsa -r -de
Job, Anstellung	jobb -et –
joggen	jogga -r -de
Jugendherberge	vandrarhem -met –
Juli	juli
Junge	pojke -n, pojkar
Junge, junger Mann	kille -n -ar
Juni	juni
Jura	juridik -en

K

kabellos	trådlös, trådlöst, trådlösa
Kaffee	kaffe -t
Kaffee trinken	fika -r -de
Kaffeedurst haben	vara, är, var kaffe-sugen
Kalender	almanacka -n, almanackor
Kamera	kamera -n, kameror
Kanal	kanal -en -er
Kann ich ... bekommen?	Kan jag få ... ?
Karfreitag	långfredag -en -ar
Karre	kärra -n, kärror
Karte	karta -n, kartor
Karte	kort -et –
Kartoffelmus	mos -et (av potatis)
Kartoffeln	potatis -en -ar
neue Kartoffeln	färskpotatis -en -ar
Kartoffelpüree	potatismos -et
Karton	kartong -en -er
Käse	ost -en -ar
Käsebrot	ostsmörgås -en -ar
Kasse	kassa -n, kassor
Kassler	kassler -n
Katze	katt -en -er
kaufen	köp/a -er -te
Kaufhaus	varuhus -et –
kein/e/er/en	ingen, inget, inga
Keine Ursache!	Ingen orsak!
Keks	kex -et -
Kellnerin	servitris -en -er
kennen	känn/a -er, kände
Kernkraftfrage	kärnkraftsfråga -n, -frågor
Ketchup	ketchup -en
Kette	kedja -n, kedjor
Kilo	kilo -t - (-n)
Kilometer	kilometer -n, -metrar
Kinderteller	barnmeny -n -er
Kino	bio -n, biografer
Kiosk	kiosk -en -er
Kirche	kyrka -n, kyrkor
Kirsche	körsbär -et –
Kissen	kudde -n -ar
Kiste	back -en -ar
Klacks	klick -en -ar
Klaps	klapp -en -ar
klar	klar, klart, klara
Klassenarbeit	prov -et –
Klavierstunde	pianolektion -en -er
Kleid	klänning -en -ar
Kleidung	kläder
klein	1. lilla 2. liten, litet, små
klingen	låt/a -er, lät
Kloster	kloster, klostret, –
Knäckebrot	knäckebröd -et –
Knie	knä -et -n
Knoblauch	vitlök -en -ar
Knospe	knopp -en -ar
Koffer	resväska -n, resväskor
Kohl	kål -en
kommen	komm/a -er, kom
Komplettfrühstück	frukostfika -n
Konditorei	konditori -et -er
Konfirmation	konfirmation -en -er
Konfitüre	sylt -en -er
König	1. konung -en -ar 2. kung -en -ar
können	kunna, kan, kunde
Konzert	konsert -en -er
Kopenhagener	wienerbröd -et –
Kopf	huvud -et –
kosten	kosta -r -de
Krabbe	räka -n, räkor
Krabbenbrot	räksmörgås -en -ar
kräftig	kraftig, kraftigt, kraftiga
Krankenhaus	sjukhus -et -
Krankenschwester, Krankenpfleger	undersköterska -n, undersköterskor
Kratzbeere (eine Art Brombeere, die auf Gotland wächst)	salmbär -et –
Krebs	kräfta -n, kräftor
Kreuzung	korsning -en -ar
Krone	krona -n, kronor
Krümel	smula -n, smulor
Kuchen	kaka -n, kakor
Kugel	kula -n, kulor
Kuh	ko -n -r
Kühlschrank	kylskåp -et –
Kultur	kultur -en -er
Kulturbeutel	necessär -en -er
Kultursendung	kulturprogram -met –
Kunst	konst -en -er
Kurs	kurs -en -er
Kursteilnehmer	kursdeltagare -n –
kurz	1. kort, kort, korta 2. hastig, hastigt, hastiga
Kurzantwort	kortsvar -et –

L

Lachs	lax -en -ar
Laden	butik -en -er
Lage	läge -t -n
Laib	limpa -n, limpor
Laken	lakan -et –
Lammfleisch	lammkött -et
Land	land -et, länder
lang, weit	lång, långt, långa
lange	länge
lange her	längesedan
langsam	långsam, långsamt, långsamma
langsamer	långsammare
Laptop	laptop -pen -par
lassen	låt/a -er, lät
leben	lev/a -er -de
Lebensmittel	livsmedel, livsmedlet
Lebensmittelgeschäft	1. mataffär -en -er 2. matbutik -en -er
Leber	lever -n, levrar
Leberpastete	leverpastej -en -er
Leberwurst	leverkorv -en -ar
lecker	god, gott, goda
legen	lägg/a -er, la(de)
Lehrbuch	lärobok -en, -böcker
Lehrer	lärare -n –
leider	tyvärr
lernen	lära, lär, lärde sig
lesen	läs/a -er -te
letzten Dienstag	i tisdags
letzten Mittwoch	i onsdags
letzten Montag	i måndags
Licht	ljus -et –
lieb	snäll, snällt, snälla
Liebe/Lieber...	Kära ...

lieber	hellre
Lied	visa -n, visor
liegen	ligg/a -er, låg
Limonade	läsk -en
Linie	linje -n -r
links von	till vänster om
(nach) links	till vänster
Liter	liter -n –(litrar)
Loch	hål -et –
Löffel	sked -en -ar
lose Süßigkeiten	lösgodis -et
Lust	lust -en
lustig	1. rolig, roligt, roliga 2. kul, kul, kul

M

machen	göra, gör, gjorde
Mädchen	1. flicka -n, flickor 2. tjej -en -er
Mai	maj
Maifeuer	majbål -et –
Mann	man -nen, män
Mannschaft	lag -et –
manuell	manuell, manuellt, manuella
Margarine	margarin -et -er
Marktplatz	torg -et –
März	mars
Marzipan	marsipan -en
Mathearbeit	matteprov -et –
Mathematk	matematik -en
Maus	mus -en, möss
Medizin	medicin -en -er
Meer	hav -et –
Mehl	mjöl -et
mehr	mer, mera
Mehrwertsteuer	moms -en
(schwedische) **Meile**	mil -en – (10 kilometer)
mein/e	min, mitt, mina
meinen	tyck/a -er -te
Menge	1. massa -n, massor 2. mängd -en -er
Messe	mässa -n, mässor
Messer	kniv -en -ar
Mettwurst	medvurst -en -ar
Milch	mjölk -en
Mineralwasser	mineralvatten, mineralvattnet, –
Minibus	minibuss -en -ar
Minute	minut -en -er
Mir geht es gut.	Jag mår bra.
mir, mich	mig
mit	med
Mitarbeiter/in am Empfang	receptionist -en -er
Mitarbeiter/in in der Abfertigung	trafikassistent -en -er
Mittagessen (ca. 12 Uhr)	lunch -en -er
Mittelalter	medeltid -en -er
mitten auf	mitt på
Mitternachtssonne	midnattssol -en
Mittsommer	midsommar -en, -somrar
Mittwoch	onsdag -en -ar
Mobiltelefon	mobil(telefon) -en -er
Mobiltelefon-nummer	mobilnummer, mobil-numret, –
möge	må
mögen	tyck/a -er -te om
Mohrrübe	morot -en, morötter
Montag	måndag -en -ar
morgen	i morgon
Motorrad	motorcykel -n, -cyklar (mc)
müde	trött, trött, trötta
Mund	mun -nen, munnar
munter	pigg, piggt, pigga
Münze	mynt -et –
Museum	museum, museet, museer
Musik	musik -en
Musikgeschäft	musikaffär -en -er
müssen	måste
Mutter	mor, modern, mödrar

N

nach	1. efter 2. till
nach Hause	hem
nachholen	läs/a -er -te in
Nachmittag	eftermiddag -en -ar
Nachname	efternamn -et –
Nachrichten-sendung	nyhetsprogram -met –
nachsprechen	säg/a -er, sa(de) efter
nächste/r/s	nästa
Nacht	natt -en, nätter
Nachtisch	efterrätt -en -er
Nachttisch	nattduksbord -et –
nahe	nära
nähen	sy -r, sydde
Name	namn -et –
Nanu!	Oj då!
Nase	näsa -n, näsor
Natur	natur -en -er
natürlich	naturligtvis
Naturreservat	naturreservat -et –
Ne!	Nähä! (ugs.)
neben	bredvid
nehmen	ta -r, tog
nein	nej
nett	1. kul, kul, kul 2. trevlig, trevligt, trevliga
Nett, Sie/dich/euch kennenzulernen!	Trevligt att träffas!
Neujahr	nyårsdag -en -ar
nicht	1. inte 2. icke
Nicht besonders!	Inget vidare!
niemals	aldrig
Nobelpreisträger	nobelpristagare -n –
noch einmal	en gång till
Noch etwas?	Något annat?
nörgeln	tjata -r -de
Norwegen	Norge
Norwegisch	norska -n
notwendig	nödvändig, nödvändigt, nödvändiga
November	november
Nudeln	pasta -n, pastor
nur	bara

O

Obst, Frucht	frukt -en -er
oder	eller
Ofen	ugn -en -ar
Ofentemperatur	ugnstemperatur -en -er
offen	öppen, öppet, öppna
öffnen	öppna -r -de
Öffnungszeit	öppettid -en -er
Oh! Ach!	Nej men oj!
Ohr	öra -t, öron
Oktober	oktober
öl	olja -n, oljor
Optiker	optiker -n –
Orangensaft	apelsinjuice -n -r
organisieren	organisera -r -de
organisieren, ordnen	fixa -r -de
Osterbüfett	påskbord -et –
Osterei	påskägg -et –
Ostermontag	annandag påsk
Ostern	påsk -en -ar
Ostersamstag	påskafton -en, -aftnar
Ostersonntag	påskdag -en -ar
Ostseehering	strömming -en -ar

P

packen	packa -r -de
Paket	paket -et –
Paprika	paprika -n, paprikor
Parfüm	parfym -en -er

Park	park -en -er
parken	parkera -r -de
Parkplatz	parkeringsplats -en -er
Parteivorsitzender	partiledare -n –
Pass	pass -et –
passen	passa -r -de
pauken	1. plugga -r -de 2. läs/a -er -te in
perfekt	perfekt, perfekt, perfekta
Personalraum	personalrum -met –
persönlich	personlig, personligt, personliga
Pfannkuchen	pannkaka -n, pannkakor
kleiner Pfannkuchen	plätt -en -ar
Pfeffer	peppar -n
Pfefferstreuer	pepparströare -n –
Pferd	häst -en -ar
Pfingstmontag	annandag pingst
Pfingstsamstag	pingstafton -en, -aftnar
Pfingstsonntag	pingstdag -en -ar
pflücken	plocka -r -de
Physik	fysik
Pilz	svamp -en -ar
Pinwand	anslagstavla -n, -tavlor
Pizza	pizza -n, pizzor
Pommes frites	pommes frites
Portion	portion -en -er
Post	post -en
Postkarte	vykort -et –
Postkasten	postlåda -n, -lådor
Postleitzahl	postnummer, -numret –
Preis	pris -et –
Preiselbeere	lingon -et –
pro	per
Problem	problem -et –
Produkt	produkt -en -er
produzieren	producera -r -de
Programm	program -met –
Prozent	procent -en –
Prüfung	prov -et –

R

Rabatt	rabatt -en -er
Radiergummi	suddgummi -t -n
Radio	radio -n, radioapparater
rasen	rusa -r -de
Rathaus	rådhus -et –
Ratte	råtta -n, råttor
rauchen	rök/a -er -te
rauchfrei	rökfri, rökfritt, rökfria
Rechnung (im Restaurant)	nota -n, notor
Recht	rätt -en -er
recht gut	ganska bra
rechts von	till höger om
(nach) rechts	till höger
Rechtsverkehr	högertrafik -en
Regen	regn -et –
Regenschirm	paraply -et -n (-er)
Regierung	regering -en -ar
Region	region -en -er
reich	rik, rikt, rika
reichen	räck/a -er -te
Reihenhaus	radhus -et –
Reis	ris -et
Reise	resa -n, resor
Reisebüro	resebyrå -n -er
reisen, aufstellen	res/a -er -te
Religionsfreiheit	religionsfrihet -en -er
Remouladensoße	remouladsås -en -er
Renaissance	renässans -en -er
Rente	pension -en -er
Rentier-Steak	renstek -en -ar
reservieren	reservera -r -de
Rest	rest -en -er
Restaurant	restaurang -en -er
Rezept	recept -et –
richtig	rätt, rätt, rätta
Rinderbraten	fransyska -n, fransyskor
Rinderfilet	oxfilé -n -er
Rock	kjol -en -ar
Rollenspiel	rollspel -et –
Rosine	russin -et –
rot	röd, rött, röda
Rote Bete	rödbeta -n, rödbetor
rudern	ro -r, rodde
Rumpsteak	rumpstek -en -ar
rund, um ... herum	runt
Runde	runda -n, rundor

S

Sache	sak -en -er
Saffran	saffran -et (-en)
Saft	juice -n -r
sagen	säg/a -er, sa(de)
Sahne	grädde -n
Salami	salami -n
Salat	sallad -en -er
Salatkopf	salladshuvud -et –
Salz	salt -et -er
Salzstreuer	saltströare -n –
Samstag	lördag -en -ar
sämtliche (Plural)	samtliga
satt	mätt, mätt, mätta
sauber machen	städa -r -de
Sauna	bastu -n -r
schaffen	1. hinn/a -er, hann 2. orka -r -de
Schaffner	konduktör -en -er
schälen	skala -r -de
Schalotte	schalottenlök -en -ar
Schatz	skatt -en -er
Schauer	skur -en -ar
Scheck	check -en -ar
Schein	sedel -n, sedlar
schichten	varva -r -de
Schiff	skepp -et –
Schinken	skinka -n, skinkor
schlafen	sov/a -er, sov
Schläger	klubba -n, klubbor
Schlagerfestival	melodifestival -en -er
Schlagsahne	vispgrädde -n
Schlange	kö -n -er
Schluss, leer	slut -et –
Schlüssel	nyckel -n, nycklar
schmalspurig	smalspårig, smalspårigt, smalspåriga
Schmandt	gräddfil -en
schmecken	smaka -r -de
schmücken	klä -r, klädde
Schnaps	1. nubbe -n, nubbar 2. snaps -en -ar
schneiden	1. klipp/a -er -te 2. skära, skär, skar
schnell	fort
Schnitzel	schnitzel -n, schnitzlar
Schock	chock -en -er
Schokolade	choklad -en
schon	redan
schön	1. skön, skönt, sköna 2. kul, kul, kul 3. trevlig, trevligt, trevliga 4. fin, fint, fina
Schönen Urlaub!	Trevlig semester!
Schönes Mittsommerfest!	Trevlig/Glad midsommar!
Schönes Wochenende!	Trevlig helg!
schrecklich	hemsk, hemskt, hemska
Schreibblock	block -et –
schreiben	skriv/a -er, skrev
Schreibtisch	skrivbord -et –
Schuh	sko -n -r
Schuhgeschäft	skoaffär -en -er
Schule	skola -n, skolor
Schulreise	skolresa -n, -resor
Schulter	axel -n, axlar
schwarz	svart, svart, svarta
Schweden	Sverige

Schwedenmilch	fil -en
Schwedens Nationalfeiertag	Sveriges nationaldag -en -ar
Schwedisch	svenska -n
Schwedischkurs	svenskkurs -en -er
Schweinehack	fläskfärs -en -er
Schwerpunkt	inriktning -en -ar
schwierig, schwer	svår, svårt, svåra
Schwimmhalle	badhus -et –
Segelboot	segelbåt -en -ar
sehen	se -r, såg
Sehenswürdigkeit	sevärdhet -en -er
sehnen	längta -r -de
sehr gut	jättefin, -fint, -fina
sehr lecker	jättegod, -gott, -goda
sei so lieb	är du snäll
sei so lieb und ...	var snäll och ...
Seife	tvål -en -ar
sein	vara, är, var
Seite	sida -n, sidor
Sekt	champagne -n
selbst	själv, självt, själva
Selbstbedienung	självservering -en -ar
selbstverständlich	javisst
Sendung	program -met –
Senf	senap -en
September	september
Service	service -n
servieren	servera -r -de
Serviette	servett -en -er
shoppen	shoppa -r -de
shoppen gehen	gå -r, gick och shoppa -r -de
sich abtrocknen	torka -r -de sig
sich anziehen	1. klä -r, klädde på sig 2. ta -r, tog på sig
sich ausbilden	utbilda -r -de sig
sich ausziehen	1. klä -r, klädde av sig 2. ta -r, tog av sig
sich beeilen	skynda -r -de sig
sich entscheiden	bestämm/a -er, bestämde sig
sich fragen	undra -r -de
sich fühlen	må -r, mådde
sich kämmen	kamma -r -de sig
sich rasieren	raka -r -de sig
sich setzen	sätt/a -er, satte sig
sich spiegeln	spegla -r -de sig
sich verkleiden	klä -r, klädde ut sig
sich versammeln	samlas, samlas, samlades
sich waschen	tvätta -r -de sig
sicher, sicherlich	säker, säkert, säkra
sie	1. de 2. hon 3. den, det 4. henne
Sie	Ni
Silvester	nyårsafton -en, -aftnar
sitzen	sitt/a -er, satt
Sitzung	möte -t -n
Skulptur	skulptur -en -er
so	så
sofort	med detsamma
Sohn	son -en, söner
sollen	skola, ska, skulle
Sommer	sommar -n, somrar
Sommerhaus	sommarstuga -n, -stugor
Sonderangebot	extrapris -et -er
Sonne	sol -en -ar
Sonnensymbol	solsymbol -en -er
Sonntag	söndag -en -ar
Sorten	sorters
Soße	sås -en -er
sozialdemokratisch	socialdemokratisk, -demokratiskt, -demokratiska
Spaghetti	spagetti -n
Spanien	Spanien
Spanisch	spanska -n
Spargel	sparris -en -ar
Spaziergang	promenad -en -er
Speisekarte	matsedel -n, matsedlar
Speiseöl	matolja -n, matoljor
Spiel	spel -et –
spielen	spela -r -de
Spieler	spelare -n –
Spielmann	spelman -nen, spelmän
Spielraum	lekrum -met –
Spitze!	Toppen!
Sport, Sportart	sport -en -er
Sportbekleidung	sportkläder
Sportladen	sportaffär -en -er
Sprache	språk -et –
Sprachkenntnisse	språkkunskap -en -er
sprechen	1. tala -r -de 2. prata -r -de
staatliches Geschäft für alkoholische Getränke	Systembolaget
Staatsminister	statsminister -n, -ministrar
Stadt	stad -en, städer
die Stadt	stan (staden)
Stange	stång -en, stänger
Steg	brygga -n, bryggor
stehen	stå -r, stod
Stern	stjärna -n, stjärnor
Sternenjunge	stjärngosse -n, -gossar
Stiel	1. skaft -et – 2. stjälk -en -ar
Stift	penna -n, pennor
stillen	tysta -r -de
stolz	stolt, stolt, stolta
Strand	strand -en, stränder
Straße	gata -n, gator
Straßenbahn	spårvagn -en -ar
Streifen	strimla -n, strimlor
Stück	bit -en -ar
Stunde	timme -n, timmar
Süden	söder -n
Super!	Toppen!
Supermarkt	stormarknad -en -er
Suppe	soppa -n, soppor
Süßigkeiten	godis -et
Süßware	sötsak -en -er
Swimmingpool	pool -en -er

T

Tafel	tavla -n, tavlor
Tafel Schokolade	chokladkaka -n, -kakor
Tag	dag -en -ar
Tag der Lucia-Feier	luciadag -en -ar
Tag der Nobelpreis-verleihung	nobeldag -en -ar
Tag der Walpurgis-nacht	valborgsmässoafton -en, -aftnar
Tag des Mitt-sommerfestes	midsommarafton -en, -aftnar
Tag vor dem Hei-ligedreikönigstag	trettondagsafton -en, -aftnar
Tag nach dem Mittsommerfest	midsommardag -en -ar
Tag, an dem geflaggt wird	flaggdag -en -ar
Tagesstätte	1. daghem -met – 2. dagis -et –
täglich	dagligen
tanken	tanka -r -de
Tankstelle	bensinstation -en -er
Tannenbaum	gran -en -ar
Tanz	dans -en -er
tanzen	dansa -r -de
Tasche	väska -n, väskor
Tasse	kopp -en -ar
Taxi	taxi -n, taxibilar
Tee	te -et -er
Teil	del -en -ar
Teilnehmer	deltagare -n –

Telefon	telefon -en, -er
Telefongespräch	telefonsamtal -et –
Telefonkatalog	telefonkatalog -en -er
Telefonnummer	telefonnummer, -numret, –
Teller	tallrik -en -ar
(kleiner) Test	läxförhör -et –
testen	testa -r -de
Text	text -en -er
Theater	teater -n, teatrar
tiefer Teller	djup tallrik -en -ar
tiefgefroren	djupfryst, -fryst, -frysta
Tisch	bord -et –
Tisch decken	duka -r -de
Tischdecke	duk -en -ar
Tochter	dotter -n, döttrar
Toilette	toalett -en -er
Toilettenpapier	toalettpapper, -pappret, –
Tomate	tomat -en -er
Topf	gryta -n, grytor
Topfkuchen	sockerkaka -n, -kakor
Torte	tårta -n, tårtor
Tragetasche	kasse -n, kassar
Tragetasche aus Papier	papperskasse -n, papperskassar
trainieren	träna -r -de
träumen	drömm/a -er, drömde
treffen	träffa -r -de
Treffen	1. möte -t -n 2. träff -en -ar
Tresen	disk -en -ar
trinken	drick/a -er, drack
Trüffel	tryffel -n, tryfflar
Tschüss!	1. Hej då! 2. Hej, hej!
Tube	tub -en -er
Tür	dörr -en -ar
Turnierspiel	tornerspel -et –
Tüte	påse -n, påsar
Typ	typ -en -er

U

U-Bahn	tunnelbana -n, banor
u. a. (unter anderem)	bl.a. (bland annat)
u. v. m. (und vieles mehr)	m.m. (med mera)
über	över
übergießen	häll/a -er -de över
überholen	gå -r, gick om
überweisen	girera -r -de
übrig	kvar
Übung	övning -en -ar
Übungsbuch	övningsbok -en, -böcker
Uhr	klocka -n, klockor
um ... herum	kring
um die Ecke	om hörnet
um etwas bitten	be -r, bad om
um zu	för att
Umarmung	kram -en -ar
umher	omkring
Umzug	flytt -en -ar
und	och
und dann	och så
Und selbst?	Och själv då?
ungefähr	ungefär
unter	under
Unterrichtsstunde	lektion -en -er
unverheiratet	ogift
Urlaub	semester -n, semestrar
Urlaubsplanung	semesterplanering -en -ar

V

Vanille	vanilj -en
Vater	far, fadern, fäder
Vaterschaftsurlaub haben	pappaledig, -ledigt, -lediga
Veranstaltung	evenemang -et –
verantwortlich	ansvarig
vergessen	glömm/a -er -de
Vergleichspreis	jämförpris -et –
verheiratet	gift
verkaufen	sälj/a -er, sålde
Verkäufer(in)	expedit -en -er
Verkaufsmitarbeiter	säljare -n –
Verkehr	trafik -en
verlobt	förlovad
Verpackung	förpackning -en -ar
verrühren	blanda -r -de
verschiedene	olik, olikt, olika
Version	version -en -er
verstehen	förstå -r, förstod
verteilen	dela -r -de ut
territoriale Verwaltungseinheit	kommun -en -er
Verwandtschaft	släkt -en -er
Verwandtschaftstreffen	släktträff -en -ar
Verzeihen Sie!, Verzeih!, Verzeiht!	Ursäkta!
Verzeihung!	Förlåt!
Videoraum	videorum -met –
viel	mycket
Viel Erfolg!	Lycka till!
viele	många
Vielen Dank dafür!	Tack för det!
Vielen Dank für das Essen!	Tack för maten!
Vielen Dank!	Tack så mycket!
Vier-Sterne-Hotel	fyrstjärnigt hotell
Viertelstunde (viertel)	kvart -en -er
Volk	folk -et –
Volksbefragung	folkomröstning -en -ar
Volksmusik	folkmusik -en
Volkstracht	folkdräkt -en -er
voll (satt)	proppmätt
volljährig	myndig, myndigt, myndiga
von	1. av 2. från
von ... bis	från ... till
vor	framför
vorbei	förbi
vorgehen	gå -r, gick fram
vorige Woche	förra veckan
Vormittag	förmiddag -en -ar
Vorname	förnamn -et –
Vorort	förort -en -er
vorsichtig	sakta
Vorspeise	förrätt -en -er
Vortrag	föredrag -et –
Vorwahl	riktnummer, -numret, –

W

wachsend	växande
wahlfrei	valfri, valfritt, valfria
wahrscheinlich	antagligen
wandern	vandra -r -de
Wange	kind -en -er
Wann ... ?	1. Hur dags ... ? 2. När ... ?
warm	varm, varmt, varma
warten	vänta -r -de
waschen	tvätta -r -de
Waschmittel	tvättmedel, tvättmedlet, –
Wasser	vatten, vattnet
WC	wc
wechseln	växla -r -de
Wecker	väckarklocka -n, -klockor
Weihnachten	jul -en -ar
Weihnachtsbüfett	julbord -et –
Weihnachtsgeschenk	julklapp -en -ar
Weihnachtsmann	tomte -n, tomtar
erster Weihnachtstag	juldag -en -ar

zweiter Weihnachtstag	annandag jul
Weile	stund -en -er
Wein	vin -et -er
Weintraube	vindruva -n, vindruvor
weiß	vit, vitt, vita
welcher, welche, welches	vilken, vilket, vilka
Wer ... ?	Vem ... ?
werden	bli -r, blev
werfen	slå -r, slog
Wetter	väder, vädret, –
Wie ... ?	1. Hur ... ? 2. Vad ... ?
Wie bitte?	Förlåt?
Wie buchstabiert man ... ?	Hur stavar man ... ?
Wie geht es dir?	Hur mår du?
Wie geht's?	Hur är det?
wie immer	som vanligt
Wie ist die Lage?	Hur är läget? (ugs.)
Wie lustig/nett/schön!	Vad kul!
Wie spät ist es?	1. Hur mycket är klockan? 2. Vad är klockan?
Wie steht´s?	Hur står det till?
Wiener Würstchen	wienerkorv -en -ar
willkommen	välkommen
Winter	vinter -n, vintrar
wir	vi
Wir sehen uns!	Vi syns!
wirklich	verkligen
wissen	veta, vet, visste
wissen mögen	undra -r -de
Witwe	änka -n, änkor
Witwer	änkling -en -ar
Wo ... ?	Var ... ?
Woche	vecka -n, veckor
Wochenende	helg -en -er
Wochenzeitung	veckotidning -en -ar
Woher ... ?	Varifrån ... ?
Wohin willst du?	Vart ska du?
wohl	1. nog 2. väl
wohnen	bo -r, bodde
(das) **Wohnen**	boende -t
Wohnung	lägenhet -en -er
Wolldecke	filt -en -ar
wollen	1. vilja, vill, ville 2. skola, ska, skulle
Wort	ord -et –
Wörterbuch	ordbok -en, -böcker
wunderbar	underbar, underbart, underbara
Wurf	kast -et –
Würfel	tärning -en -ar
Wurst	korv -en -ar

Z

Zahnarzt	tandläkare -n –
Zahnbürste	tandborste -n, -borstar
Zahnpasta	tandkräm -en -er
zart	mör, mört, möra
Zeh	tå -n -r
Zehnkronenmünze	tiokrona -n, -kronor (en tia)
zeigen	visa -r -de
Zeile	rad -en -er
Zeit	tid -en -er
Zeitausdruck	tidsuttryck -et –
Zeitung	tidning -en -ar
Zelle	cell -en -er
zelten	tälta -r -de
zentral	central, centralt, centrala
Zentrum	centrum -et –
Zettel mit Nummer	nummerlapp -en -ar
ziemlich	ganska
Zigarette	cigarett -en -er
Zimmer	rum -met –
Zimmerpreis	rumspris -et –
Zimtschnecke	kanelbulle -n, -bullar
zirka	cirka
Zirkus	cirkus -en -ar
Zitrone	citron -en -er
ZOB	busstorg -et –
zu	1. att 2. till
zu Bett gehen	gå -r, gick och lägg/a -er, la(de) sig
zu Fuß	till fots
zu Fuß erreichbar	gångavstånd -et –
zu Hause	hemma
zuviel	för mycket
Zucker	socker, sockret
zuerst	först
zufrieden	nöjd, nöjt, nöjda
Zug	tåg -et –
zuhören	lyssna -r -de
zum Kurs gehen	gå -r, gick på kurs
Zum Wohl!	Skål!
zur Schule gehen	gå -r, gick i skolan
zurück	tillbaka
zurückgeben	lämna -r -de tillbaka
zurückgehen	gå -r, gick tillbaka
zusammen	tillsammans
zusammen wohnen (als Lebenspartner)	sambo -n -r
zuschauen	titta -r -de på
Zutat	ingrediens -en -er
Zwanzigkronenschein	tjugokronorssedel -n, -sedlar (en tjuga)
zwei	två
Zwiebel	lök -en -ar
zwischen	mellan
zwischen ... und	mellan ... och ...

Lösungen zu einigen Übungen

Avsnitt 0

4b

år	*Jahr*
åsikt	*Ansicht, Meinung*
ålder	*Alter*
äpple	*Apfel*
ägg	*Ei*
älg	*Elch*
öppet	*offen, geöffnet*
öga	*Auge*
övning	*Übung*

Avsnitt 1

5b

1. Varifrån kommer Lennart?
   Lennart kommer från Piteå.
2. Varifrån kommer Elmira?
   Hon kommer från Armenien.
3. Vad heter hon?
   Hon heter Anna.
4. Varifrån kommer du?
   Jag kommer från Kiruna.
5. Vad heter han?
   Han heter Jörgen.
6. Varifrån kommer Göran och Pia?
   De kommer från Sundsvall.
7. Varifrån kommer ni?
   Vi kommer från Malmö.
8. Vad heter ni?
   Vi heter Olle och Eva.
9. Varifrån kommer Britta?
   Hon kommer från Lund.
10. Varifrån kommer Alex?
    Han kommer från Tyskland.
11. Vad heter du?
    Jag heter Håkan.

8b

Handy	-	(6) en mobil
Lehrbuch	-	(4) en lärobok
Radiergummi	-	(11) ett suddgummi
Wörterbuch	-	(2) en ordbok
Papier	-	(10) ett papper
Block	-	(9) ett block
Stift	-	(3) en penna
Tafel	-	(1) en tavla
CD-Spieler	-	(8) en cd-spelare
Tasche	-	(7) en väska
Übungsbuch	-	(5) en övningsbok

Avsnitt 2

6

1. ett café
2. ett vandrarhem
3. en bensinstation
4. en restaurang
5. en kyrka
6. ett museum
7. ett hotell
8. en golfbana
9. en campingplats
10. en turistbyrå
11. en fiskeplats
12. en badplats

8b

Unbestimmte Form	**Bestimmte Form**
en campingplats	campingplatsen
en restaurang	restaurangen
en karta	kartan
en broschyr	broschyren
en kommun	kommunen
en mil	milen
en bil	bilen
en led	leden
en buss	bussen
en linje	linjen
en busshållplats	busshållplatsen
en information	informationen
en semester	semestern

Avsnitt 5

2

en musikaffär
en mataffär
en klädbutik
en resebyrå
en blomsteraffär
en skoaffär
en fotoaffär
en bank
en kiosk
en bokhandel
en sportaffär
ett kafé
ett apotek
ett Systembolag

Avsnitt 6

2b

1. Klockan är kvart i fyra.
2. Klockan är fem över elva.
3. Klockan är halv tre.
4. Klockan är tio över fem.
5. Klockan är fem i sju.
6. Klockan är fem i halv ett.
7. Klockan är tjugo i två.
8. Klockan är åtta.
9. Klockan är fem över halv sex.
10. Klockan är tio i nio.
11. Klockan är kvart över elva.
12. Klockan är tjugo över tolv.

7

2. Birgitta/Hon tvättar sig.
3. Birgitta/Hon klär på sig.
4. Birgitta/Hon kammar sig.
5. Birgitta/Hon äter frukost.
6. Birgitta/Hon skyndar sig (till bussen).
7. Birgitta/Hon jobbar.
8. Birgitta/Hon handlar.
9. Birgitta/Hon kommer hem.
10. Birgitta/Hon lagar mat.
11. Birgitta/Hon äter middag/mat.
12. Birgitta/Hon diskar.
13. Birgitta/Hon tränar på gymmet.
14. Birgitta/Hon duschar.
15. Birgitta/Hon går och lägger sig.

Avsnitt 7

7b

1. Det här badrummet är inte bra.
2. Det här hotellet har inget garage.
3. Det där rummet har ingen internetuppkoppling
4. Det här hotellet har ingen pool.
5. Det där rummet har ingen tv.
6. Den där nyckeln passar inte.
7. Den här duschen är inte bra.
8. Det där parkeringshuset kostar 150:- per dag.
9. Den här hissen fungerar inte.
10. Det här fönstret går inte att öppna.
11. Den där restaurangen är inte bra.
12. Det här rummet har ingen utsikt över parken.
13. Det här hotellet har ingen hiss.
14. Den där tv:n fungerar inte.
15. Det här rummet har ingen telefon.

8

1. en färja
2. ett flygplan
3. en buss
4. en bil
5. en cykel
6. ett tåg
7. en tunnelbana
8. en motorcykel (en mc)
9. en spårvagn

Avsnitt 8

3b

Plural	Obestämd form	Bestämd form
limpor	en limpa	limpan
punschbollar	en punschboll	punschbollen
grönsaker	en grönsak	grönsaken
tomater	en tomat	tomaten
äpplen	ett äpple	äpplet
apelsiner	en apelsin	apelsinen
paket	ett paket	paketet
liter	en liter	litern
burkar	en burk	burken
köttbullar	en köttbulle	köttbullen
papperskassar	en papperskasse	papperskassen

Lösungen

6b

1.	lök -en -ar	*Zwiebel*
2.	svamp -en -ar	*Pilz*
3.	salladshuvud -et -	*Salatkopf*
4.	tomat -en -er	*Tomate*
5.	gurka -n, gurkor	*Gurke*
6.	morot -en, morötter	*Mohrrübe*
7.	potatis -en -ar	*Kartoffel*
8.	paprika -n, paprikor	*Paprika*
9.	apelsin -en -er	*Apfelsine*
10.	vindruva -n, vindruvor	*Weintraube*
11.	blåbär -et -	*Heidelbeere*
12.	jordgubbe -n, jordgubbar	*Erdbeere*
13.	banan -en -er	*Banane*
14.	äpple -t -n	*Apfel*
15.	päron -et -	*Birne*
16.	citron -en -er	*Zitrone*
17.	smör -et	*Butter*
18.	ost -en -ar	*Käse*
19.	ägg -et -	*Ei*
20.	falukorv -en -ar	*Fleischwurst*
21.	prinskorv -en -ar	*Coktailwürstchen*
22.	skinka -n, skinkor	*Schinken*
23.	kyckling -en -ar	*Huhn*
24.	fisk -en -ar	*Fisch*
25.	kräfta -n, kräftor	*Krebs*
26.	räka -n, räkor	*Krabbe*
27.	(en tub) Kalles kaviar	*(eine Tube Fischrogen-aufstrich)*
28.	bröd -et -	*Brot*
	limpa -n, limpor	*Laib*
29.	knäckebröd -et -	*Knäckebrot*
30.	kaka -n, kakor	*Kuchen*
31.	kex -et -	*Keks*
32.	(ett paket) ris -et	*(ein Paket) Reis*
33.	(ett paket) mjöl -et	*(ein Paket) Mehl*
34.	(ett paket) pasta -n, pastor	*(ein Paket) Nudeln*
35.	(en flaska) matolja -n, matoljor	*(eine Flasche) Speiseöl*
36.	(en burk) honung -en	*(ein Glas) Honig*

7b

1. 10 dl är 1 liter.
2. 5 hg är 1/2 kilo.
3. 1500 g är 1 1/2 kilo.
4. 5 dl är 1/2 liter.
5. 10 hg är 1 kilo.
6. 5 l är 50 dl.
7. 0,1 liter är 1 deciliter.
8. 1/2 hg är 50 gram.

Avsnitt 9

1b

vara - är
ligga - ligger
vilja - vill
uppleva - upplever
titta - tittar
bestämma - bestämmer
äta - äter
gå - går
skola - ska
ta - tar
se - ser
ha - har
sluta - slutar
tjata - tjatar
veta - vet
beställa - beställer
tycka - tycker
gilla - gillar
få - får
dricka - dricker
komma - kommer
smaka - smakar
orka - orkar
bli - blir
be - ber

2

3b

Beispiele:

Rekommendera något gott! / Rekommendera något gott, är du snäll! / Var snäll och rekommendera något gott!
Stäng fönstret! / Stäng fönstret, är du snäll! / Var snäll och stäng fönstret!
Reservera ett bord! / Reservera ett bord, är du snäll! / Var snäll och reservera ett bord!
Beställ en taxi! / Beställ en taxi, är du snäll! / Var snäll och beställ en taxi!
Köp kaffe! / Köp kaffe, är du snäll! / Var snäll och köp kaffe!
Bestäm dig!/Bestäm dig, är du snäll!/Var snäll och bestäm dig!

Sväng till höger! / Sväng till höger, är du snäll! / Var snäll och sväng till höger!
Titta på kartan! / Titta på kartan, är du snäll! / Var snäll och titta på kartan!
Hjälp till! / Hjälp till, är du snäll! / Var snäll och hjälp till!
Tala långsamt! / Tala långsamt, är du snäll! / Var snäll och tala långsamt!
Kom i morgon! / Kom i morgon, är du snäll! / Var snäll och kom i morgon!
Handla mat! / Handla mat, är du snäll! / Var snäll och handla mat!
Boka ett hotellrum! / Boka ett hotellrum, är du snäll! / Var snäll och boka ett hotellrum!
Ta ut pengar! / Ta ut pengar, är du snäll! / Var snäll och ta ut pengar!
Ring till Jan! / Ring till Jan, är du snäll! / Var snäll och ring till Jan!

7

Avsnitt 10

7b

Infinitiv	Presens	Preteritum
vara	är	var
ringa	ringer	ringde
ha	har	hade
spela	spelar	spelade
dansa	dansar	dansade
äta	äter	åt
titta	tittar	tittade
resa	reser	reste
göra	gör	gjorde

8b

I måndags: Jenny jobbade till kl. 19.00 och handlade.
I tisdags: Jenny ringde Eva och skrev ett födelsedagsbrev till Ulla
I onsdags: Jenny bokade flyget till Venedig och spelade golf.
I torsdags: Jenny åt lunsch med Pia, köpte blommor till Lena och tvättade bilen.
I fredags: Jenny började jobba kl. 7.30 och träffade Ove på Café Felix kl. 20.00.
I lördags: Jenny städade och gick på konsert med Anna.
I söndags: Jenny hjälpte Eva med flytten.

1145 invigde man Lunds domkyrka.
1370 fick den Heliga Birgitta rätt att grunda Vadstena kloster.
1523 blev Gustav Vasa kung.
1778 införde man religionsfrihet för utlänningar.
1856 öppnade järnvägen Ervalla-Örebro för trafik.
1967 införde man högertrafiken.
1969 blev Olof Palme socialdemokratisk partiledare och statsminister.
1974 vann ABBA melodifestivalen med låten „Waterloo“.
1976 vann Björn Borg Wimbledon.
1980 var det folkomröstning i kärnkraftsfrågan.
2005 invigde man Turning Torso.
2006 tillträdde regeringen Reinfeld som Sveriges regering.

Quellenverzeichnis

Seite U2: Stefan Guttke
Seite U3: Stefan Guttke
Seite 11: Frank Meinert
Seite 12: GROA Verlag
Seite 13: GROA Verlag
Seite 14: Thorsten Palluck
Seite 15: Annegret Kussatz (Marstrand); Eric Hübscher (Stockholm); Sophia Schutte (Schloss Kalmar); GROA Verlag (Dalapferd, Lappland, Strand)
Seite 16: GROA Verlag
Seite 17: GROA Verlag
Seite 18: Hanna Wege (rechts); GROA Verlag
Seite 19: GROA Verlag
Seite 20: GROA Verlag
Seite 21: Annegret Kussatz (oben); GROA Verlag; Karte: Stefan Guttke
Seite 22: Laholms Turism
Seite 23: Arlanda flygplats, Luftfartsverket, Fotograf: Lars Malm (links); Arlanda flygplats, Luftfartsverket, Fotograf: Kenneth Hellmann
Seite 24: GROA Verlag
Seite 26: Laholms Turism, Fotograf: Anna Mårtensson
Seite 27: Laholms Turism, Fotograf: Anna Mårtensson (oben); Laholms Kommun; Karte: Stefan Guttke
Seite 28: Malmö Turist & Kongress
Seite 29: GROA Verlag
Seite 30: Karte: Stefan Guttke
Seite 31: GROA Verlag
Seite 33: Sanna Ekholm-Jensen
Seite 34: Frank Meinert
Seite 35: GROA Verlag
Seite 36: GROA Verlag
Seite 37: GROA Verlag
Seite 38: Sibylla (großes Foto); GROA Verlag
Seite 39: GROA Verlag
Seite 41: GROA Verlag
Seite 42: Turist & Fritid, Fotograf: Tommy Gustavsson (großes Foto und unten rechts); GROA Verlag
Seite 43: Turist & Fritid, Fotograf: Tommy Gustavsson
Seite 44: BergendahlsGruppen AB (mataffär); GROA Verlag
Seite 46: Karte: Stefan Guttke
Seite 47: GROA Verlag
Seite 48: GROA Verlag; Karte: Stefan Guttke
Seite 49: Nils Olsson Hemslöjd AB, Nusnäs
Seite 50: Västerviks Turistbyrå (links); Cristian Hyllén
Seite 52: Nathalie Amrén
Seite 56: Bernd Kussatz (oben rechts); Göteborg & Co
Seite 57: Hotel Eggers, Göteborg; Regina Möller (unten)
Seite 59: Hotel Poseidon, Göteborg
Seite 61: GROA Verlag
Seite 63: BergendahlsGruppen AB
Seite 64: GROA Verlag
Seite 65: BergendahlsGruppen AB; Vi-butikerna ekonomisk förening (Anzeige unten)
Seite 68: Vi-butikerna ekonomisk förening
Seite 69: ICA AB
Seite 70: Restaurang Bakfickan, Visby, Fotograf: Kalle Melander (großes Bild); GROA Verlag
Seite 71: Heidrun Niehus (oben); Restaurang Bakfickan, Visby, Fotograf: Kalle Melander
Seite 73: Regina Möller
Seite 74: Restaurang Bakfickan, Visby, Fotograf: Kalle Melander
Seite 76: Ölands Turist AB, Fotograf: Berry Bergman (großes Foto); Siljan Turism AB, Rättvik, www.siljan.se (oben); Kirsten Kopiske (Mitte); Annegret Kussatz (unten)
Seite 77: Siljan Turism AB, Rättvik, www.siljan.se
Seite 80: Siljan Turism AB, Rättvik, www.siljan.se
Seite 82: Elke Gasser; Barbara Wittern (unten)
Seite 83: Spiel: Stefan Guttke

Materialien für den Bereich Schwedisch

Lehrwerk

Tala svenska
Schwedisch A1

- für Schwedischlernende ohne Vorkenntnisse
- führt in 10 Abschnitten auf das Niveau A1
- berücksichtigt touristische, berufliche und studentische Interessen
- das Übungsbuch enthält u. a. Hörverständnisübungen auf CD, eine Grammatik und den Lektionswortschatz
- das CD-Set enthält Dialoge und Texte aus dem Lehrbuch, sowie einen Wortschatz-Aussprache-Trainer

Lehrbuch A1	ISBN 978-3-933119-01-8	€ 9,95
Übungsbuch A1, mit CD (ab Oktober 2008)	ISBN 978-3-933119-11-7	€ 9,95
CD-Set A1 (ab Oktober 2008)	ISBN 978-3-933119-23-0	€ 9,95

Tala svenska
Schwedisch A2

- für Schwedischlernende ab Niveau A1
- führt in 16 Abschnitten auf das Niveau A2
- bereitet auf die Prüfung SWEDEX A2 vor
- das Übungsbuch enthält u. a. Hörverständnisübungen auf CD, eine Grammatik und den Lektionswortschatz
- das CD-Set enthält Dialoge und Texte aus dem Lehrbuch, sowie einen Wortschatz-Aussprache-Trainer

Lehrbuch A2 (ab Sommer 2009)	ISBN 978-3-933119-02-5	€ 13,95
Übungsbuch A2, mit CD (ab Sommer 2009)	ISBN 978-3-933119-12-4	€ 13,95
CD-Set A2 (ab Sommer 2009)	ISBN 978-3-933119-24-7	€ 9,95

Aussprachetrainer

Uttala svenska
Ein Lehrwerk der schwedischen Aussprache

- trainiert und festigt die schwedische Aussprache und das Hörverstehen
- Hörkurs auf 8 Audio-CDs, mit dem auch ohne Begleitbuch gearbeitet werden kann
- umfasst die Bereiche Artikulation und Intonation
- ist auch als Nachschlagewerk benutzbar
- eignet sich hervorragend zum Selbststudium

Buch mit 248 Seiten und 8 CDs (ca, 420 min.)	ISBN 978-3-933119-30-8	€ 29,90

Wortschatz

Tala rätt svenska

- Sprachtrainer mit Übungs- und Lexikonteil, der den richtigen Gebrauch vieler wichtiger schwedischer Wörter trainiert
- hilft, Missverständnisse zu vermeiden
- für Fortgeschrittene ab dem Niveau A2 geeignet
- ist bestens zum Selbststudium geeignet

208 Seiten ISBN 978-3-933119-60-5 € 14,90

Sprach-Memo
Kleidungsstücke

- 60 Bildkarten für den Sprachunterricht (Schwedisch)
- Training der wichtigsten Wörter des Wortfeldes "Kleidungsstücke"
- Anleitung für sechs verschiedene Spiele

60 Bildkarten ISBN 978-3-933119-80-3 € 4,90

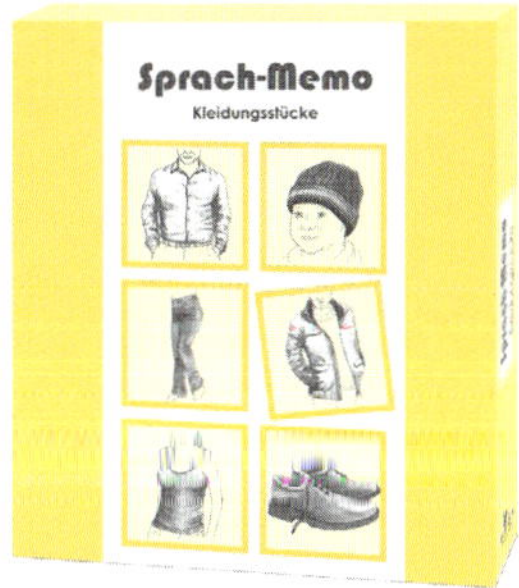

Lektüre

Samuel August från Sevedstorp och Hanna i Hult
von Astrid Lindgren

- die Liebesgeschichte der Eltern Astrid Lindgrens
- für Fortgeschrittene ab dem Niveau B1 geeignet
- im schwedischen Original belassen
- mit textbegleitenden Wortübersetzungen
- mit Übungsteil

80 Seiten ISBN 978-3-933119-50-6 € 8,90

Torr sommar
und andere schwedische Erzählungen im Originaltext

- beinhaltet vier Erzählungen bekannter schwedischer Verfasser
- für Fortgeschrittene ab dem Niveau B1 geeignet
- im schwedischen Original belassen
- mit textbegleitenden Wortübersetzungen
- mit Übungsteil

112 Seiten ISBN 978-3-933119-55-1 € 12,90

Lieder

Sjung med oss mamma
Schwedische Lieder von Alice Tegnér

- 37 bekannte schwedische Lieder, gesungen u. a. von Alice Babs
- Begleitbuch mit den schwedischen Texten und einer Übertragung ins Deutsche

37 Lieder auf CD mit Textbuch
ISBN 978-3-933119-40-7 € 11,90

Preisänderung und Irrtum vorbehalten. Stand: 01.06.2008